ルポ　低賃金……目次

序章――新自由主義の果てに――「新時代の『日本的経営』」が破壊したもの

第1章――特殊詐欺の冬の花

序章——新自由主義の果てに

——「新時代の『日本的経営』」が破壊したもの

テレビのニュースがこの冬一番の寒さを告げていた二〇二三年二月二六日。東京・渋谷の繁華街に、凍てつく空気を切り裂くようなコールが広がった。

「物価高い、電気代高い、ガス代高い」「最低賃金上げろ」「税金使え、暮らしに使え」「非正規なめるな、労働者をなめるな」「最低賃金一五〇〇円（に）上げろ」

集まったのは、非正規労働者や学生などの若い労働者を中心に約一〇〇人。低賃金で生活の不安にさらされる者たちが声をあげていた。一緒にデモを歩くと、街頭の反応は思いのほか良かった。沿道の市民はデモを携帯で撮影したり、配られたビラを眺めたり、時おり拍手や歓声もわいた。低賃金や物価高に対する怒りがたまっているのを感じさせた。

参加者のマイクアピールのなかで、ひときわ大きな拍手がわいたのが、都内在住の三〇代の女性の訴えだった。今ふうに、スマートフォンにメモした文を見ながら、震える声でだが、しっかりと読み上げた。

「私は正社員で働いています。けれど、手取りは月一五万円です。節約に節約した貧しいご飯を食べています。けれど、家賃を払うと一円も残りません。食べ物だけじゃないんです。洗剤もトイレットペーパーも生活に必要な物の値段はどんどん上がっています。そして苦しい生活を強いられています」

切迫した声。そして、一つ大きく息を吸うと、より大きな声で言った。

「私は、子どもを育てることも結婚も、転職も引っ越しも、すべてあきらめた」

最後は絶叫だった。

パンデミックが浮き彫りにした低賃金社会

二〇二〇年一月に始まった新型コロナウイルスの感染拡大は、日本の医療現場では医師や看護師などの人員が不足していて緊急事態に十分に対応できないこと、行政の対応能力が乏しいことなどを浮き彫りにした。同時に、非正規労働者やシングルマザー、低年金で暮らす高齢者などが、あっという間に生活困窮に陥っていく実態もあぶり出された。これらはパンデミックで表面化した問題ではあるが、実は見えづらかっただけで、これまでも社会のなかに置かれていた問題だった。

生活基盤が脆弱な人々は、社会を覆うような大きな出来事があると、その困窮が一気に深刻化する。二〇〇八年、米国の投資銀行リーマン・ブラザーズの経営破綻に端を発した世界的な金融危機、リーマンショックの時も、日本では製造業の派遣労働者を中心に、契約期間中に仕事を切られる「雇い止め」が多発した。仕事を失った派遣労働者は派遣会社の寮も追われ、住む場所を失い、生活に困窮した。

その惨状は、同年一二月三一日から翌年一月五日まで、労働組合などにより東京・日比谷公園で取り組まれた支援活動の「年越し派遣村」により可視化された。労働者の実態を知った市民から寄せられた五〇〇〇万円を超えるカンパは、国の無策への怒りの大きさでもある。

リーマンショック、そしてコロナ禍で可視化された困窮する労働者の姿は、どちらも不安定雇用、そして低賃金であることが共通している。

実質賃金が上がらない日本

日本が実は低賃金であることは、いまや周知の事実だ。

だが、「日本の賃金水準は主要先進国のなかで最低グループ」「日本は〝安い国〟になった」、そんな物言いが公然とされるようになったのは、実は二〇二一年頃からだ。

第二次安倍政権のもと、政府が春闘に口を出す動きが強まった。政府が経済界に働きかけるなど、春闘のヘゲモニーを労使交渉から官邸主導へ転換することが試みられ、「官製春闘」とまで言われるようになった。日本の低い賃金水準が消費や経済の減退につながっていることへの問題意識はあっただろう。しかし、国際比較で明らかな日本の賃金の低さを客観的に見れば、それは長年にわたる自民党政権の雇用・経済政策の失敗にほかならない。その批判を巧妙に避けながら、政権は労働者の味方のふりをしてきた。そして、首相の岸田文雄が「新しい資本主義」を唱えるなかで、日本の賃金の低さは公然と言われるようになった。

岸田が唱えた「成長と分配」の好循環。その「分配戦略」に、「人への投資」などとして賃上げが位置づけられた。賃上げの必要性を説明するバックグラウンドとして、それまで〝公然の秘密〟だった、日本の賃金が世界水準ではもはや低位にあること、つまりは〝安い日本〟となっていることが、官僚や自民党の有力政治家の口から語られるようになったのだ。

〝公然の秘密〟と書いたのは、データ上では日本の実質賃金が二〇年以上にわたり停滞しており、先進国のなかでも最下位レベルであることは、すでに明らかだったからだ。

たとえば、ＯＥＣＤの統計で、一九九一年を一〇〇として平均年間賃金（実質賃金）の国別の伸び率を比較したデータでは、二〇一九年で英国は一四八、米国一四一、ドイツとフランス一三四に対して日本は一〇五でしかない。三〇年近く同じ賃金を行ったり来たりしているのだ。厚生労働省の賃金構造基本統計調査によれば、日本の個別賃金水準のピークは一九九七年だ。一般労働者の平均賃金は平均年齢の上昇をともないながらもほぼ横ばいだが、個別賃金で見ると一九九七年から二〇二〇年までの二三年間で五ポイント以上、下がっている。これに短時間労働者比率の増加など雇用形態の変化、物価上昇などを加味した実質賃金では、同期間で一〇ポイント以上も低下している。

筆者は二〇〇四年から、一貫して労働問題を取材してきた（新聞社内の異動で数年、取材現場から外れることもあったが）。なかでも毎年の春闘は、労働問題を担当する記者にとって重要な取材であり、主に労働組合側からその推移を見つづけてきた。誤解を恐れずに言えば、私が取材してきた二〇〇四年以降、労働側がまともに賃上げを勝ち取ったと思えるような春闘はなかった。春闘の取材で思い出されるのは、「何とか雇用は維持できた」「定期昇給は守った」「わずかではあるが改善ができた」などと言う組合幹部たちの苦しげな顔ばかりだ。

二〇二三年の春闘は自動車をはじめ大企業で満額回答が相次ぎ、「三〇年ぶりの高水準」（連合・芳野友子会長）と言われたが、それでも三・五八％（二〇二三年七月公表）であり、それでは物価上昇分も補えていない。生活の改善にはつながらない額だ。それが証拠に、実質賃金は下がったままなのだ。

春闘のパターンセッターは、民間大企業の労組だ。それらは、ほぼ連合（日本労働組合総連合会）の傘下にいる。「労働運動最大の発明品」と言われる春闘は、民間大手が大きな賃上げを勝ち取って、中小・零細の賃上げを牽引するパターンで闘われてきた。そして大手の春闘では、生産性三原則——①雇用の維持拡大、②労使の協力と協議、③成果の公正な分配——を前提に労使交渉が行なわれてきた。生産性三原則の内容は、穏当と言うべきか、原則と呼ぶに適するものだ。一方で、この原則が強調されるあまりに過度な労使協調が進み、組合員の要求が本当に達成されているのかという批判の声も常にあった。それでも、前述したように二〇〇〇年代前半の景気低迷期には、賃上げをあきらめつつも雇用を維持するという〝成果〟をあげてきた。だが、この頃から非正規労働者が増え、総額の人件費は削られていった。

労働運動は何をしてきたのか

非正規労働者がジワジワ増え、賃上げは微々たるものにとどまる状況が続いてきた。雇用を維持することと引き換えに賃上げを抑制することに〝成功〟した経営側は、賃上げの要求に渋い対応をすることが常態化していった。第二次安倍政権の半ば過ぎ、前述した「官製春闘」が始まったが、結果的にそれでも賃金は思うように上がらなかった。安倍政権がいくら「アベノミクスの成功」を喧伝しようが、いつまで経ってもトリクルダウンは実現せず、格差が広がるままだった。そして、結果として企業の内部留保は二〇二一年度に五一六兆四七五〇億円（財務省公表）と五〇〇兆円を突破し、この一〇年で一・五倍に膨らんでいるのだ。

もう少し数字を見てみよう。岸田内閣肝いりの「新しい資本主義」の実現本部事務局が作成したデータ「賃金・人的資本に関するデータ集」（二〇二二年一一月）からの数字だ。資本金一〇億円以上の大企業では、二〇〇〇～二〇年度の間で現預金は四八・八兆円から八五・一％増加の九〇・四兆円に、経常利益は九一・一％増加の三七・一兆円に、株主配当はなんと四八三・四％増の二〇・二兆円となっている。これに対して、人件費は〇・四％マイナスで五一・六兆円。中小企業（資本金一〇〇〇万円以上一億円未満）でも、大企業ほどではないにしろ経常利益は増加し、株主配当も同様に二一六・六%増加の二一・三兆円と、やはり突出して増加している。そして、人件費は一五・九%マイナスの六六・二兆円となっている。これらの数字をざっと眺めるだけでも、企業から労働者へ、そして大企業から中小企業への分配の歪みを見ることができる。内部留保イコール企業の不当なため込みと単純化するつもりはないが、それにしても、あまりに下品ではないか。企業のステークホルダーとしての労働者の地位の低さと株主への過剰な配慮が浮かぶ。

前述した生産性三原則の③に「成果の公正な分配」とあるが、それは実現していないということだろう。であれば、労使の協調にこだわらず、労働者の権利であるストライキ権を行使して闘うべきなのだが、日本最大のナショナルセンターである連合に、いまだその機運は見て取れない。「満額回答」と胸を張った二〇二三年春闘でも、実質賃金は下がった。二〇二三年一月の物価指数では、食料品や電気代など基礎的な支出が前年同期比で六・一%増加しているのに、連合の五%程度の要求では、満額が取れてもはなから足が出ている。連合は「物価上昇は過年度分を翌年の春闘で要求するのが約束だ」とも言う。しかし、「一年も待っている余裕はない」というのが、低賃金で働く者たちの本音だろう。

実際、海外の労働運動のニュースに目を向ければ、ヨーロッパを中心に、各地でゼネストとも呼べる大規模なストライキが起こされ、一〇%以上の賃上げなど物価上昇分をまかなえる要求が掲げられている。労働力を再生産するための原資は賃金なのだから、当然、公正な分配を求めるべきなのだ。そう考えると、日本の実質賃金が上がってこなかった現実に対して、日本の労働運動に罪がないわけではない。

日本を賃金の安い国にした根源はどこか

日本の平均賃金が上がらず、先進国のなかでも最低レベルであることの原因はどこにあるのか。春闘で賃上げがまともに行なわれてこなかったこととともに、低賃金で雇用が不安定な非正規労働者が増えつづけてきたことが挙げられる。非正規労働者は一九九四年から増えつづけ、いまや四割周辺にまで至っている。二〇二二年の非正規労働者は男性が六六九万人（男性労働者に占める割合は二二・一％）、女性が一四三二万人（同五三・三％）にのぼる。女性は二人に一人以上が非正規労働者だ。

国税庁の調査によれば、二〇二一年の非正規労働者の平均年収は一九七万円で、男性は二六六万円、女性は一六二万円とされている。ちなみに、正社員は平均五〇八万円で、男性は五六九万円、女性は三八八万円となっており、非正規は正社員の半分以下の賃金であることがわかる。そして、この両者の賃金格差はこの一〇年間ほとんど変わっていない。そうしたことを考えれば、コロナ禍や急激な物価上昇などの大きい変動があった時に、まず困窮するのは、こうした経済的に不安定な非正規の層であることは容易に想像できると思う。さらに、この数字から、非正規のなかでも女性はさらに低い賃金を強いられていることがわかる。

こうした数字が示されても、「女性はパートナーがいて家計補助的に働いている」と指摘する声がある。だが、実は家計補助を目的に働いている女性は年々減少しており、家計を担う主たる生計者として働いている割合が増えつづけているのだ。もちろん、配偶者の扶養の範囲で短時間働く女性もいる。しかし、低賃金で働くことを強いられている女性が数多くいるという事実は無視できない。

日本を賃金の安い国にした根源をたどると、一九九五年、当時の日経連（日本経営者団体連盟。二〇〇二年に経団連と統合し、現在の日本経団連に改組）が提起した「新時代の『日本的経営』――挑戦すべき方向とその具体策」（五月一七日）という文書に行き着く。終身雇用とも言われた日本の安定した雇用スタイルを大胆に見直すとした提言だ。その中身は、雇用のあり方を三つに分け、「長期蓄積能力活用型（正社員）」▽「高度専門能力活用型（専門社員）」▽「雇用柔軟型（非正規）」とし、このいずれかの枠に労働者を配置する、というものだ。

いわば、三角形の頂点に位置する狭い領域が正社員、その下にやや広い専門社員、そして最も面積の大きい部分に非正規社員が当てはめられているような形だ。つまり、正社員は会社の経営や管理を担うごく一部に限り、専門性がある労働者は比較的安定した形で使う。そして、最も多い非正規の労働者は、その説明の言葉にある通り、流動的な雇用とするとした。「柔軟型」

とは、企業の側がその雇用に責任を負わず、好きな時に好きなように使える、ということにほかならない。この考え方のエンジンは、新自由主義──企業利益の最大化をめざし、市場原理を最優先し、「規制緩和」の名のもと政府による市場への介入を排する思想──にほかならない。

さすがに労働組合はこの提言に反発した。だが、一方で「こんなことできるわけがない」とたかをくくってもいた。しかし、正社員の非正規への置き換えは現実に進められていった。

正社員だった団塊の世代の大量退職の後、企業は正社員の採用を抑制し、非正規に置き換えていった。それによって労組の組織率も低下の一途をたどり、いまや一六・三％（厚生労働省公表の二〇二三年労働組合基礎調査の推定組織率から）にまで下がった。非正規労働者の急増に、労組はあわててその組織化に取り組みはじめた。正社員だけでは労働者の過半数を代表することができないところまで追いつめられたからだ。特にサービスや流通などの非製造業では組織化が急ピッチで進められた。だが、全体として組織率の低下に歯止めはかからない。

また、職種が限定されていたはずの労働者派遣が、相次ぐ法「改正」によって、製造業務や医療も含めて全面解禁されるなど、非正規労働の間口はどんどん広げられてきた。さらには、「個々人の能力を最大限発揮する」という名目で、フリーランスという名の個人事業主が拡大している。もはや、労働者として扱われなくなった〝労働者〟が登場しているのだ。いかに日本の雇用のあり方が変容してきたのかがわかる。

ところで、この提言をまとめたと言われるのが、当時、日経連で常務理事を務めた成瀬健生だ。筆者は、労働者派遣法の改正など雇用の規制緩和が行なわれる節目ごとに何度か成瀬にインタビューを求めたが、叶わなかった。その成瀬のインタビューが二〇二三年二月の東京新聞に掲載された。非常に興味深い中身だったので、少し紹介したい。

成瀬は取材に答え、「円高で賃金が上がり過ぎたから下げるしかなかった」と、この提言が賃下げを目的としていたことを明かした。その結果、「正規（正社員）賃金はほぼ横ばいだが、非正規を増やして（全体の）平均賃金は下がった」としている。成瀬は景気が回復すれば、非正規を正規雇用として雇いなおす「復元」が起きると思っていたが、起きなかった。その理由は「経営者は（二〇〇八年の）リーマンショック後に生き残ることしか考えなくなった」と語っている。

この発言からも、「新時代の『日本的経営』」は人件費抑制、すなわち賃下げを目的に出されたこと、そしてそれは正規を非正規に置き換える形で実現されていったことがわかる。成瀬は、非正規の増えつづけた理由を「経営者が人を大事にしなくなった」と述べている。

同じ発言を、リーマンショック時に経団連の幹部からも聞いたことがある。年末年始に年越し派遣村の様子を見た幹部がこう言っていた。

「昔の経営者はね、どんなに経営が苦しくても、せめて人々が楽しい時間を過ごす盆暮れにはクビを切らないのが矜持だった。それが、トヨタが派遣切りを始めたと報道が流れると、先を争うように年末に向けて派遣切りを行なった。モノを捨てるように人を捨てた。本当に嘆かわしい」

そして、返す刀でこうも言った。

「でもね、派遣村をやっていたのは全労連や全労協、連合の個人加盟労組でしょ。自動車や電機など連合の大企業労組はいったい何やっていたのかね。労組も新自由主義に毒されているんじゃないの」

いずれの指摘も当たっている。しかし、どこかで、どの口が言うのか、とも思っていた。新自由主義の旗振り役は経済団体だったのだから。いずれにせよ、一度開いてしまった新自由主義の蓋は閉じることなく、たがが外れたように労働者は乱暴な扱いを受けるようになる。

日経連の提言が公表された当時、産別労組であるゼンセン同盟（現・UAゼンセン）の書記長で、後に連合会長（二〇〇五〜〇九年）になる高木剛《つよし》は「日本の企業社会で労使が大事にしてきたものを、新自由主義の流れに乗って壊そうとしているのだな」と直感した。そして、高木は提言公表から一〇年以上過ぎて、連合会長として、壊された雇用を目の当たりにすることになる。

それが前述の派遣村だ。

派遣村に来た連合会長の述懐

二〇〇九年の元日の朝、ひっそりと静まりかえる霞が関の官庁街で、日比谷公園だけが異様な熱気に包まれていた。

前年の一二月三一日に開設された派遣村は、支援を求めた派遣労働者とボランティアの労組員、市民であふれた。その公園の入口である霞門から少し離れた場所に、一台の黒塗りの車が停まった。乗っていたのが、当時の連合会長の高木だ。大晦日からの報道を見て、いても立ってもいられず駆けつけた。だが、公園に入るのを躊躇していた。派遣村は、連合のメンバーも実行委員会に入っているが、連合とたもとを分かった全労連や全労協のメンバーもいたからだ。労働組合の全国組織は、連合結成に至る経過のなかで対立を経ており、共同行動をとることはなかった。特に連合側に拒否感が強く、さまざまな集会などにおいて同じ席につくことはなかった。まして、会長が〝共闘の場〟に参加することなど、ありえないことだった。

派遣村の実行委員をしており、当時その場にいた筆者は、連合の関係者に呼び出されて、黒塗りの車に向かった。高木は、「東海林さん、ワシが（会場に）行っても大丈夫かね」と不安そうに尋ねてきた。全国組織の関係を知らないわけではないので、一瞬、躊躇した。だが、連合会長はこの現実をその目で見るべきだと思い、その後の労組間で起きるであろうハレーションも覚悟したうえで、「行くべきだと思う」と伝え、案内した。派遣村の喧騒が近づくにつれて、高木の顔に緊張が走った。「村民」が寝泊まりするテント、炊き出しの現場などを見て、話を聞き、挨拶をして、高木は帰った。帰りぎわに高木は、「東海林さん。ひどいな。あんまりにもひどいな」と言った。握りしめた拳に、ひそかな怒りを感じた。

提言が出た時の高木の懸念は、非正規労働者の急増という形で姿を見せはじめていた。高木は連合会長になると連合内に「非正規労働センター」を設置し、非正規問題への関与を深めていった。

高木はいま、筆者の取材に、「本当は、提言が出る前に労働側が（提言を）止めなければならなかったんだけどね」と後悔する。一方で、提言を出した経営側について、「日経連が提言をつくるのだが、結果、日経連が（経団連に）飲み込まれ、つぶされた。それは大きかった。日経連は日本が企業社会であることを理解していた」と指摘する。日本社会における企業の役割をある程度自覚していた組織がつぶされ、新自由主義に飲み込まれていった、というのだ。高木は「大手企業の労使は、日本の企業の標準づくりを担うという社会的責任を自覚していた。それがどんどん希薄になっていった」と語る。

高木の話を聞いていて思い出したのは、派遣労働の製造業務への解禁（二〇〇四年）をめぐる議論だった。労働政策審議会では、労働側（連合の委員）は解禁反対の論陣を張っていた。だが、連合内の産別労組の声は、必ずしも反対ではなかった。人件費を抑え国際競争力を維持するという企業の論理にシンパシーを感じていた。自分以外の誰かを雇用調整弁とすることを積極的に認めていくのだ。特に、自動車や電機という大産別ほど、その主張への同調は強かった。提言によって、労働者に分断が持ち込まれた場面だった。そして、それはさながら身分差別のようになって、いまに至るまで尾を引いていく。高木の懸念はその意味でも当たった。

低賃金という現実に、声をあげる

話を冒頭の女性に戻そう。デモの後、彼女に話を聞いた。

彼女は二〇二二年春に転職したという。以前の仕事は、いまの仕事より手取りは良かったが、残業が多く、長時間労働を強いられた。こなしきれない仕事量でいつ終わるともわからぬ仕事を続け、家に帰ると倒れ込むように眠る日々だったという。ある朝、起きられなくなってしまった。命の危機を感じ、仕事を辞めた。次の仕事を探す際には、何より残業が少ない仕事を探した。だが、それで見つかる仕事は、正社員であっても最低賃金に近いような賃金水準しかなかった。現在働く事務機器販売会社の事務の仕事。残業はほぼない。だが、「ギリギリ生きていける賃金。それだけ。生きているだけ。夢も希望もない」と吐き捨てた。

「スキルアップを支援する」と岸田首相は言うが、中小企業で働く自分にはそんな支援など聞いたこともなかった。ヨーロッパでは失職した際に一～二年の十分な職業訓練を受け、めざす仕事に必要な資格を取り、新たな仕事に就くのが一般的だという。だが、雇用保険の給付期間が短い日本では、失業者にそんな余裕はない。生活に追われるように、就ける仕事に飛びつくしかないのだ。日本の失業期間が短いのは、何も仕事が豊富にあるからではなく、給付が短いのが要因だ。彼女も失職を経験してそう感じたという。

女性は、自身のスピーチをこう締めくくった。

「私たち低賃金の労働者が、いま、やらなければならないのは、自分たちの低賃金を我慢することではない。『これでは足りない』『生活できない』『賃金上げろ』と声をあげることだ。声を出すことで、私たちを取り巻く状況を変えていこう」

同じデモの隊列で、女性の斜め後ろでメモを取りながら訴えを聞いていた。沈黙を強いられてきた者たちが声をあげた瞬間に立ち会えたように思え、涙があふれた。

横にいた三〇歳の男性も目を赤くしていた。目が合うと話しかけてきた。

「記者さんですか？　彼女のスピーチ、いいですね」

聞けば、この男性も正社員だが、女性と同じような気持ちで日々を送っているという。七カ月前、新宿駅の駅頭で偶然、最低賃金引き上げを訴える労働組合のビラを受け取った。赤字に白で「¥１５００」と染め抜かれた揃いのＴシャツを着た組合員が「最低賃金を全国一律で１５００円に」と書かれたビラを配っていた。自分の時給はどれぐらいなんだろうと気になり、家にビラを持ち帰って、給与明細を見ながら賃金を時給に計算しなおしてみた。

中小の食品メーカーで、営業の仕事。原則週休二日で、残業は月に四〇～五〇時間ある。賃金は固定残業代四万円を含んで名目で二六万円、税金や社会保険料などを引かれると手取りで約二〇万円だ。自分の賃金を時給に換算すると、どうやら一二五〇円程度であることがわかった。男性は「最賃はバイトやパートの話かと思っていたけれど、この計算で、最賃が上がれば自分の給与にも跳ね返るんだって気づいた」と話した。高校、大学と借りた奨学金の返済が月三万円あり、自分の生活が苦しいのは自分のせいだと思っていた。だが、低賃金が原因なんだと意識したという。それ以来、最賃のニュースや労働組合に関心を持ち、この日のデモもSNSで知り、様子を見に来たのだという。プラカードを持つことやコールをすることに最初は戸惑っている様子にも見えたが、デモのゴールが近づくにつれ、大きな声でコールを叫んでいた。

本書は、一九九五年の「新時代の『日本的経営』」を起点に急増した非正規労働者、そして結果として増大した低賃金で働く人々の現場を歩いたルポルタージュだ。

昔ながらの工場労働者もいれば、漂泊を余儀なくされる若者たちもいる。そして、シングルマザーや農民、個人請負の宅配ドライバー……。働く人々の現場から、この安い国ニッポンのありように迫っていく。

第1章——特殊詐欺の冬の花

二〇二〇年六月二七日の毎日新聞（東京都内版）に、こんな見出しの記事が掲載された。

◆府中・特殊詐欺「受け子」容疑で逮捕

いわゆる事件もののベタ記事だ。特殊詐欺は年間に多数発生している。よほど特殊なケースでもないかぎり、新聞では大きく取り上げない。この記事も全文で二四〇字程度だ。

私は、事件担当記者から出稿されたこの記事をデスクとして最初に読んだ。事実関係に間違いはないか、誤字はないかなどに注意して読み進めるのだが、この記事にはいつもの事件原稿と違って違和感を覚えた。それは、逮捕されたのが二一歳の女性だったからだ。通常、特殊詐欺では、若い女性はあまり捕まらない。

生活苦から「闇バイト」へ

記事の内容は、かいつまんで言えばこんな感じだ。

埼玉県在住の〝無職〟の女性（二一）が、あらかじめ仲間が警察官を装った電話でだました都内在住の八〇代の女性宅を訪れ、女性からキャッシュカードをだまし取った。そのカードを使い、現金四五万円を現金自動受払機（ATM）から引き出した……という中身だ。特殊詐欺ではよくある手口だ。ただ、原稿を読み進めると、この女性は実際には無職ではないことがわかる。こんな供述をしている。

「新型コロナウイルスの影響で、四月に入って派遣の仕事がまったくなくなり、生活に困ってやった。他に十数件やった」

そう、彼女は日雇い派遣を中心に働く派遣労働者なのだ。警察への取材で、彼女は埼玉県西部にアパートを借りて一人暮らしをしていたことなどがわかった。新型コロナの感染拡大で日雇い派遣の仕事が次々となくなり、家賃の支払いが滞り、生活苦に陥ったという。そして、彼女はネット上の〝闇の職業安定所〟で特殊詐欺の〝闇バイト〟につながり、応募した。

逮捕者が若い女性だったことに違和感を覚えたと書いたが、コロナ被害が拡大する前は、特殊詐欺の受け子で捕まるのは、たいてい〝半グレ〟と呼ばれる、暴力団一歩手前のような若い男性が中心だった。それが、コロナ禍のなかで、女性や高齢者が捕まるケースが増えているように思えた。その変化に気づいたのは、このベタ記事がきっかけだった。

特殊詐欺の「業界」では、彼女のような役割を「受け子」と呼ぶ。「かけ子」と呼ばれる、嘘で人をだますグループが電話でひっかけた被害者(たいていは高齢者)のもとへ出向き、キャッシュカードや現金をだまし取る（受け取る）役割だ。

「かけ子」は、警察の捜査関係者や銀行員を装い、「あなたのキャッシュカードが悪用され、現金が引き出されている。カードを変える必要があるので、これから出向く警察官（場合によっては銀行員など）に、キャッシュカードを渡してほしい」などとだます。その際、「暗証番号を書いた紙とともにカードを封筒に入れ、しっかり封をして渡して」などと言って信用させる。受け子はそれらしい格好で家を訪ね、封筒を受け取り、銀行から金を引き出す……。

詐欺への注意喚起の意味も込め、細かく仕組みを書いたが、実は、彼女のような「受け子」の仕事は、この一連の犯罪のなかで、最も捕まる可能性が高い役割だ。特殊詐欺は細分化されている。だます対象の名簿を手に入れる者（「名簿屋」と言われる）、その家に金があるかを下見する者（「探偵」）、犯罪に使う携帯電話を手に入れる者、電話かけをする事務所を準備する者（「道具屋」）、電話をかけるもの（「かけ子」）、そして彼女のような「受け子」……。笑い話のようだが、大規模な詐欺グループでは、労務担当、企画担当までいるという。

彼女のような「受け子」は、それを束ねる者だけと連絡を取り、グループの全体像を知らされることはない。「受け子」は捕まる可能性が高いからだ。彼女が捕まっても、そこから上の部分に捜査が及ばないようにしてある。いわば、最下層の〝詐欺犯〟だ。

彼女の場合、日雇い派遣という不安定な形で働くなかで、犯罪につながっていった。彼女は、コロナで外出もままならない状況のなか、家賃を払わねばアパートを追い出されると、必死に仕事を探したのだろう。スマホに「即日、即金」と打ち込んで検索していた。すると「即日、即金、高収入」と触れ込む仕事がヒットする。彼女は、そこにダイレクトメール（DM）を送り、〝仕事〟を得る。そこは、〝闇の職安〟の入口だったのだ。

警察取材からわかったことはここまで。だが、二〇〇八年のリーマンショックの際、生活に困窮した多くの派遣労働者を取材した経験からピンと来るところがあった。当時の取材メモをひっくり返し、そこに記されたある人物に連絡を取った。そこをたどれば受け子の実態も見えてくると思ったのだ。

歌舞伎町の風俗店の店長

その人物とは、当時、歌舞伎町の外れにあった性風俗の店で店長を務めていた男性だ。

当時、派遣村に助けを求めに来た労働者は、ほとんどが製造業務派遣で働く男性だった。男性が多い製造業務派遣で雇い止めが横行したことを差し引いても、女性がいなかったことが不思議だった。なぜなら、派遣労働の分野は女性労働者のほうが圧倒的に多く、景気悪化の影響は女性にもあったはずだからだ。意識的に女性の困窮を取材するなかで、人づてに彼を紹介されたのだ。彼は当時、何人もの女性を面接し、風俗店に採用した。その多くが、派遣や契約社員など不安定雇用で働いていた女性だという。当時、彼はこう言っていた。

「この仕事に来る女性は、当たり前だけど、何らか理由がある。仕事がなくなって来る女性は、ある意味、みな饒舌だよ。私は悪くない……って言いたいんだよ」

当時、彼の紹介で、日雇い派遣から風俗で働かざるをえなくなった女性を取材した。今回、数年ぶりに彼に連絡を取った。「困窮した女性が風俗業に流れてきていないか」と率直に聞くと、「半分当たりで、半分外れ」と話しはじめた。

緊急事態宣言が解除される前後から、風俗店で働きたいという問い合わせが増えたのだという。だから、「半分当たり」。だが、すぐに風俗で働くのは無理だった。男性は言う。「緊急事態宣言の頃は、店を開けたって、客なんかほとんど来ない。ソーシャルディスタンス（社会的な距離）なんて、保ってやれる商売じゃないからね」。風俗店も飲食店同様、のきなみ店を閉めていた。「闇でやってた店もあったけど、働くほうも客もおっかなくって」。あの人通りの途絶えた街で、風俗だけが営業できるはずもない。だから、「半分外れ」なのだ。

今回のパンデミックでいっせいに社会の動きが止まるなか、不安定雇用の労働者たちは、休業補償などないまま、仕事を失っていった。政府の支援もぶれにぶれ、自らの生活がどうなるかいっこうにわからなかった。二〇二〇年四月に実施されたコロナ被害の「何でも相談」（反貧困ネットワークや労働組合の全労連、弁護士グループなど主催）に、全国から四二万コールもの相談があった事実は、いかに多くの人が不安のなかにいたかということの証拠と言える。

自粛期間が長引くなか、不安定雇用の人々は、徐々に手持ちの金が減り、生活が苦しくなった。家賃も払えなくなるほど、生活は追いつめられていった。詐欺に手を染めた彼女も、アパートの家賃を滞納していた。滞納を続ければ、住む場所を追い出されてしまう。最後の手段として、風俗産業を選んだとしても、前述の通り、営業をしていない、またしていたとしてもコロナへの恐怖で客もつかない状況だった。店長はそんな状況を間近で見ていた。

店長に、特殊詐欺と関わってしまった人や現状を話してくれる女性はいないかと聞くと、「少し時間くれる？　うちに来てる娘から探してみるよ」と自信ありげに了解してくれた。彼が「仕事を失って面接に来る娘はみんな饒舌だ」と言っていたのを思い出した。半信半疑で待つと、五日後に連絡があった。

「みんなもこうやって生き延びているのか」

初夏の午前中に、JR新大久保駅近くのエスニックなカフェで待ち合わせた。この頃の新大久保界隈は、あらゆる店で使い捨てマスクを販売していた。大騒ぎとなった供給不足が嘘のように、一箱三〇〇〇円以上していたマスクが一〇〇〇円以下にディスカウントされていた。街も活気を取り戻し、動きだしていた。それは彼女の職場でもそうだと言う。風俗店も客が戻ってきた。

顔の半分以上を覆うような大きなマスクをつけて彼女は現れた。その大きさに少しびっくりしていると、「格好悪いでしょ。裁縫は苦手なんです。けど、ちょっとでも節約しないと、と思って」とはにかんだ。ありきたりな表現だが、どこにでもいる普通の娘だ。

店長の男性からは二つのことを言われていた。一つは、嫌がったら聞くのをやめること、もう一つは、少しでもよいからお礼を渡すこと。どちらも、当然の要求だ。取材にお金を払うことは、私はあまりやらないが、困窮している人の大事な時間を使わせてもらっているのだから、考えなければならないところだ。

彼女は初めての取材に戸惑っていた。自分の体験したことをちゃんと話すつもりだから、名前や個人が特定できるような書き方は絶対にしないこと、警察にも言わないことを守ってほしい、と言われた。約束を守ることを伝え、話を聞いた。そのため、彼女の出身地などプライベートな部分はかなりぼかした形で書く。

彼女も、闇の職安からつながり、特殊詐欺グループの「受け子」のリクルートを受けたという。連絡の受け取り方などは省略するが、逮捕された女性と同じように、直接の指示役とだけしかコンタクトはなく、その指示役から細かな手口を教えられたという。大部分は、被害者に会ってカードをだまし取る時にどのように振る舞うか、だまし取る詳細な手口など。たとえば、カードを奪いに行く時は同じ白い封筒を二枚用意し、そのうち一枚にカードを入れさせ、暗証番号を書いた紙とともに封をさせる。そして、「新しいカードが来るまで封を開けないで」と言い、お年寄りの隙を見て、自分の用意した封筒と入れ替える。封筒が同じだから、しばらく被害者はカードを盗まれたことに気づかない。

そんな手口とともに、指示役からは最初にこんな〝労働条件〟も提示された。

「成功報酬は引き出した金の五％。それとは別に現場までかかった交通費の実費」

たとえば、詐欺に成功してカードを盗み、ＡＴＭから現金一〇〇万円を引き出せたとする。現場までは電車で往復四〇〇〇円かかった。この場合、報酬の五万四〇〇〇円を一〇〇万円から抜き取り、残りの金を指定されたロッカーに入れる。そして、ロッカーのカギを指示された場所に隠す。これで仕事と報酬の受け渡しは終了だ。

もちろん、恫喝もたっぷりと受けた。「(だまし取った)金を持ち逃げできるなんて思わないでね。もう、あなたは(仲間に)ずっと監視されているから。家もわかっているし。逃げたりしたら、即、殺すよ。それ専門もいるからね」。姿の見えない相手からの恫喝だけに恐怖は尋常でなかった。彼女は「とんでもない所に足を踏み入れた」と激しく後悔した。「数日以内に場所とターゲットを連絡します。あなたも大変でしょうから」。電話の男はそう言って電話を切った。男が「あなたも大変でしょうから」と言ったのが耳に残った。自分のように金に困って連絡している人が多いのだな、と感じた。逆にそれが、「みんなもこうやって生き延びているのか」という心理的な後押しにもなった。

困窮のなかで犯罪に加担してしまう

彼女を取材する際、最初に確認したことがあった。何回、詐欺に関与したのか、それで得た報酬はいくらか、の二点だ。何十件という犯罪に関わり、多くの金額をだまし取っているとわかれば、さすがに自首を勧めなければならない。もちろん、少額だったり、回数が少なかったりしたら許されるというわけではない。それでも最初に確認しておくべきだと考えて切り出した。彼女はカフェのメニューに視線を落としたまま、「やってません。カードをだまし取るのに失敗しました」とぶっきらぼうに答えた。それが嘘でも本当でも、本人があらためて話さない以上、私から重ねては聞かないと決めていたので、そのまま取材を進めた。

彼女が提示された受け子の報酬、すなわち、だまし取った額の五％。この額が、多いか、少ないか。逮捕されるリスクを考えれば、圧倒的に割の悪い仕事だろう。ＡＴＭを使ってお金を下ろす場合、上限は五〇万から一〇〇万円だ。指紋認証など本人確認が厳重なカードの場合には一〇〇万円以上引き出せる場合もあるが、詐欺で得たカードで下ろせるのはせいぜい五〇万円、運良く限度額が変更されていたとしても一〇〇万円が上限だろう。そうすると、被害者に直接会いに行き、カードをだまし取り、防犯カメラに映るというリスクをおかしながら、最大で五万円ほどにしかならない。九五％は犯罪組織に〝搾取〟される。

実は、犯罪組織にも下請け構造が存在する。「受け子」が割に合わない仕事だと知っているので、そこはほとんどが自ら仕切ることなく暴力団などに下請けに出す。その下請け代金はだまし取った額の約四割だという。これは力関係によって変わるそうだが、一〇〇〇万円の詐欺なら四〇〇万円が委託料となるわけだ。仕事を受けた暴力団が、さらに自分たちより弱小の暴力団に二次下請けに出し、さらに……と重層的な下請け構造があり、最下層の下請けである受け子の段階では五％になる。建設の下請け構造に驚くほどそっくりだ。ちなみに、交通費が支給されると書いたが、これはもちろん犯罪組織が労働契約法を守ろうとしているわけではなく、現場に行く金もないほど困窮している受け子がいるからだ。地方に〝出張〟する際は宿泊代も出す。いずれにせよ、困窮が極まった人々が応募してくるのだろう。

「殺すなら殺せ。どうせ死ぬんだ」


彼女に話を戻す。

「いま思えば、バカみたい。でも冷静な判断なんてできなくなっていた」

彼女は闇の職安を検索した当時を振り返った。コロナ当初は、風俗店にも客があった。だが、三月の声を聞く頃にはパタリと客足が途絶えた。そのうちに店自体が営業自粛となって閉店し、店舗型ではなく、デリバリーという別のスタイルの風俗に変えてみたが、事態は好転しなかった。二年近く風俗店で働いていたが、貯金は五〇万円もなかった。休業補償ももちろんないから、貯金はどんどん目減りしていく。

「まず、家賃に困った」。けれど、家賃を集める管理業者は容赦がない。一日でも家賃が遅れれば矢のような催促だ。「支払いが滞ったら出て行ってもらう」と繰り返す。食費を削り、家賃を支払った。六万二〇〇〇円の家賃が重い。一〇〇円で買うカップ麺は、より量の多い乾麺に変わり、一玉二八円のうどんが主食になった。もやしとうどんの繰り返し。醤油が切れ、味噌が切れ、そして塩がなくなった時、限界だと思い〝闇の職安〟を検索した。

その後、特殊詐欺のリクルーターと連絡を取り合い、前述したような特殊詐欺の〝ルール〟をレクチャーされたのだという。

「私の場合、財務省職員という設定で、白いブラウスでスーツっぽい格好で行くように指示されました」

キャッシュカードが偽造されて使われているので、封印して保管するというのが事前に聞かされた筋書きだ。都下の住宅街に不安そうな顔をした被害者の老女を訪ねた。八〇を超えていそうだった。同い年ぐらいの自分の祖母を思い、心が痛んだ。カードをすり替えた。老女の家が見えなくなる角を曲がると、全速力で走り出した。転びそうになりながら、全力で走った。老女の家に向かった時とは別の道を。だが、途中で走るのをやめた。「だって、住宅街を全力で走るスーツ姿の女って怪しすぎる」。そんなことさえ判断できなくなっていたが、あとは現金を下ろすだけだった。ここまで、彼女は一気に話した。でも、彼女は小さな嘘をついていたことがわかる。最初に彼女は「カードをだまし取るのに失敗した」と言っていた。しかし、カードはだまし取っていたのだ。

ふと、そのことが口をついた。「カードはだまし取っていなかったんじゃないの?」。彼女は

「嘘、つきました。カードを奪いました。ごめんなさい。嘘つくつもりはなかったんですけど……」とすぐに釈明した。責めるつもりなどなかった、ふと口をついたのだ。だが、この謝罪で、彼女の証言は信用するに足ると確信が持てた。

事の実際はこうだ。老女からキャッシュカードをかすめ取り、彼女は現金を下ろすため駅前のATMへ向かった。ところが、現金は引き出せなかったという。

「指紋認証が必要なカードでした」

カードをだまし取るのに失敗したのではなく、だまし取ったが、現金の引き出しに失敗したということだ。金は引き出せなかったが、監視カメラには自分の姿が映っているはずだ。カードが押し戻された。何事もなかったように抜き取ると、速足でその場を離れた。失敗した時の対応も聞いてはいた。「怪しくない」ように振る舞った。だが、カードが押し戻された恐怖はトラウマになった。リクルーターに失敗を報告した。「チッ」という舌打ちが聞こえた。「また指示、出すから。次はうまくやれ」と冷徹な声が響いた。振り絞った声で言った。

「もう、無理。やらない。殺すなら殺せ。どうせ死ぬんだ」

リクルーターは無言で電話を切った。その後、何度か電話がかかってきたが無視した。

店長に恥を忍んでこのことを相談した。店長は何度もうなずきながら事の次第を聞き、「大丈夫だから。大丈夫だから」と繰り返した。それ以上は何も言わないでいてくれた。子どものように声をあげて泣いたという。

取材を終えた後、店長にこの時のやりとりを話すと、店長は「持ち逃げしたわけでもないし、失敗した奴を探して殺すほど奴らもバカじゃないですから。脅しですよ。ただ、それを説明してあげると、また闇バイトに手を出したりするかもしれないから、言わないんです。『大丈夫』とだけ言ってあげる。彼女は二度とやらないと思いましたよ。だから、あなたに紹介した」と話した。「いい人だね」と返すと、「でしょ」と笑い、「真面目な記者さんには、『店に来て』とは言えないから、ラーメン、ごちそうしてくださいよ」と言うので、店を出て歌舞伎町で神座《かむくら》のラーメンをすすった。

詐欺グループのリクルーターに「殺すなら殺せ」と啖呵を切った女性。その当時、こんなことを思っていたという。

「何も収入を得る道がない時に、即日、現金が手に入るには犯罪しかなかった。でも、この失敗で怖くなり、もう自分には『受け子』は無理だと思った。コロナの状況のなかで、アパートを追い出されたら、死ぬしかないなと覚悟を決めました」

時おり言葉に詰まりはしたが、許しを請うかのように、話しつづけた。「もう死んでもいいや」と思ったが、「アパートを追い出されるまでは生きよう」「(政府から)一〇万円をもらって、使い切ってから死のう」と目の前に小さな目標をつくりながら、かろうじて生をつないだ。

そうこうしているうちに、緊急事態宣言が解除された。そして、例の店長から電話が来た。「店、開けるけど、来る?　当分は(収入にならず)大変だと思うけど」。それが、最善と思う道でも、望んだ道でもなかったが、涙が出た。「誰ひとり私を気にかけてくれる人なんていなかったから、うれしかった。ああ、またしばらく生き延びた」と。

全力で働いてきたのに

彼女は、北関東にある実家を出て、上京して専門学校に入った。医療系の専門学校だった。本当はネイリストなど美容系の仕事に就きたいと思っていた。だが、田舎を出るためには、「堅い仕事」に就ける学校に行くことが親からの条件だった。だから、専門学校の勉強に身が入らず、カフェやネイルサロンなど〝華やかな場所〟でのバイトに熱中した。そのうち専門学校には行かなくなり、それが親にばれて仕送りも断たれた。

生活費を稼ぎながら夢を実現するため、とりあえず働きだした。仕事を探したが、専門学校中退で、仕事の経験もなかった彼女には、コンビニや飲食店のバイトしかなかった。

「体を動かすのは嫌いじゃないから、事務職の正社員を探したことなんてないけど、バイトでは生活は成り立たなかった」

そんななかで、比較的収入が良く見えたのは派遣の仕事だ。長期間の仕事は少なかったが、月に二二日ぐらい仕事が入れば、二〇万〜二四万円ぐらいになった。税金などを引かれるとカツカツだったが、生活はできた。しかし、仕事が紹介されなくなるのではと、しょっちゅうおびえていた。だから、紹介のあった仕事はどこにでも行った。物流倉庫をはじめ、事務派遣や工場にも。だが、どこも長くは働けず、日雇い派遣のように、短期間で仕事の場が変わった。毎月、家賃と携帯の代金を払うと、「やっと今月を乗り切った」と安堵したほどだ。

ネイルや美容の夜間学校に行って資格を取りたいと思っていたが、そんな余裕は金銭的にも時間的にもなかった。不安定な日々は、ふとしたきっかけで回らなくなった。コロナが流行する二年前、仕事が一カ月近く入らなかった時があった。ちょうど真夏の中頃。電気代の節約のため、クーラーもろくに効かせていない部屋で、仕事がない、つまりは収入のない日々に悶々とした。

「どこで間違ったんだろう」

自問自答を繰り返した。専門学校中退後、遊び呆けていたわけでも、浪費をしていたわけでもない。仕事が入ったら断らず、全力で働いてきた。派遣先での評判も悪くなかったはずだ、なのになぜ……。気づけば、家賃を二カ月滞納していた。

「一つ歯車が狂うと、すべてが回らなくなる」

自分の働き方が不安定であることが、あらためて身に染みた。家賃を払えず、ついにアパートを追い出された。旅行では一度も使ったことのないキャリーケースに入れられるだけの服や日用品を詰め込んで家を出た。保証人の親に家賃の請求が行くのかな、と一瞬思ったが、「もう、いいや」と、実家という命綱を捨てた。

「専門学校を中退しているし、気まずかった。一所懸命生きたのに、『やっぱり失敗した』と言われるのも怖かった」

「サイテーな暮らし」のなかで

住居がなくなり、向かった先はネットカフェ。最初は友人の家に転がり込んだが、ルームシェアをお願いするほど仲良くはなかった。ネットカフェを寝場所に使い、最初はガールズバーで働いた。客に「どこ住んでいるの?」と聞かれると「歌舞伎町」とおどけて答えた。嘘ではなかった。歌舞伎町のネットカフェなのだから。だが、ネットカフェ暮らしは、意外にお金がかかる。食事は基本的に外食だし、日常生活の細かなものもいちいちお金がかかる。割安な「ナイトパック」を使っても、一晩に二〇〇〇円ぐらいはかかる。そんな毎日をまかなうにはガールズバーの賃金は安すぎた。ネットカフェには、行き場を失った女子がたくさんいた。風俗、売春、日雇い派遣……。生活の愚痴をこぼし合うなかで、仲間に紹介され風俗店で働くようになった。初めて面接に行って〝採用〟されたのが、例の店長の店だった。店長の人柄か、「初めてでも安心だから」と女子たちのオススメの店だった。

ネットカフェ暮らしは半年で「もう限界」だった。最初はコンパクトで快適な暮らしにも思えた。しかし、一日中、陽も差さない暗がりの〝住居〟で、声を出すことさえはばかられるところに居つづけると、安らげない。

『こんなところで、いつまで先の見えない暮らしを続けるのか』と思うと、気が狂いそうになった」

きちんとした生活の拠点、とりあえずアパートを借りるお金を工面するまでと決めて、風俗の世界に足を踏み入れた。何かの区切りを決めておかないと、ずるずる続けそうな気がした。だから、目標を決めた。実際、ネットカフェに支払うお金とアパート代は月六〜七万円でそんなに差はない。敷金や礼金などの初期費用の五〇万〜六〇万円を貯めるのが大変なのだ。

風俗店の前にキャバクラなどの水商売をやる気はなかったのかと聞いた。すると、彼女は薄く笑って答えた。

「キャバクラは、一軍。美容やエステ、ネイルなどそれなりにお金をかけないと稼げない世界。今夜の寝場所もままならない自分が稼げる手段ではない。ネカフェの耳学問ですけど」

最初から、風俗の種類をどれにするかという選択肢しかなかったのだという。そうは言っても、いざ風俗で働くとなったら、恐怖でしかなかった。面接は明日にしよう、明日にしようとためらっているうちに、ネットカフェに滞在するお金さえ事欠くようになった。まだ余裕があった時は、一つの部屋を一週間単位で金を払って使っていたこともある。それが、夕方からになり、夜間のナイトパック、個室ではなくフロアの利用と追いつめられ、二四時間営業のファストフード店を利用するしかない状況まで来ていた。

「もう、明日がなくなった日に（風俗の面接に）行った」

まだ、コロナの前。店に入ったら、初日から客がついた。「風俗未経験の子ですから」。店長は「しばらく、これで推すから。だんだん覚えていけばいいから」と言った。仕事には嫌悪感しかなかった。嫌で嫌で仕方がなかった。

「客の相手が終わるたびに、自分で『チャリン、チャリン』って、金の落ちる音を言って耐えました」

そんな日々を過ごし、三カ月後には、アパートを借りられた。アパートを手にしたら辞めようと考えていたが、実際はそうならなかった。

「次に進む道が見つかるまでとか、お金をもう少し貯めてとかを理由にしたけど、やっぱり不安だった」

ぐずぐずと風俗の仕事を続けていると、コロナの感染拡大が始まった。風俗の仕事も途切れるなかで、犯罪に手を染め、すんでのところで立ち戻り、いま、また風俗にいる。

客が完全に戻ったわけではない。同僚には、地方の風俗店に「逆出稼ぎ」に行っている者もいる。東北地方の繁華街のデリバリーヘルスへ逆出稼ぎに行った友人が話していた。

「働く店のページ見ていたら、『歌舞伎町の女、入店』って煽りで私の写真が貼ってあった。こんなサイテーな暮らししてんのにね」

どんな時にも自分たちは消費されるのだ、とおかしくなった。店が営業を再開すると、経験のない女性たちが次々と店に入ってきた。待ち時間に話をすると、不安定雇用の女性、もしくは、風俗ではない接客業から来た女性たちだとわかる。

「風俗が機能しなかった時期には闇の職安にも相当流れたんだろうな、と思う。みな、そのことは決して口に出さないけれど、どうやって収入のないところを生き残ってきたのかを考えればわかる。(こちらに)戻ってこられず、捕まるまで犯罪組織で働く子もいるんだろうな」

そう言うと、彼女は目を伏せた。それは、もしかしたら明日の自分だったかもしれない。

一通り話を聞き終わった頃、彼女は「宮本浩次っていうシンガー知ってますか。『冬の花』という曲が大好きなんです。ずっと聴いていたんです」とつぶやいた。ロックバンド、エレファントカシマシのボーカルだ。「知っているけれど、『冬の花』は聞いたことないなあ」と答えると、「今日、私の話を聞いてくれたお礼です。ぜひ聴いてみてください」とだけ話した。そこで別れた。

家に帰り、さっそく検索して聞いた。ささやくように、叫ぶように宮本浩次が歌っていた。

悲しくて泣いてるわけじゃない
生きてるから涙が出るの
こごえる季節に鮮やかに咲くよ
ああ　わたしが負けるわけがない

もちろん、宮本浩次が彼女のために曲をつくったわけではない。けれど、彼女の怒りも悲しみも、すべてこの歌詞に込められているような気がした。この日の話を振り返りながらこの歌を聴いていると涙がとめどなくあふれてきた。ネイリストになる憧れを持つのが悪いことか。夢を持ち、働きつづけることが苦しいこの国はまともなのか。低賃金で雇用が不安定であることの意味をあらためて考える。

二〇年以上、この国で労働問題を取材しているが、二〇年前から非正規で働く仲間は「この国では、普通に働いて普通に生きることが、なんでこんなに大変なんですか」と叫んでいた。この労働者の叫びに、この国はいまだに答えていない。コロナ禍で白日のもとにさらされたのは、この国の変わらない不安定雇用のありようだった。

第2章──個人請負

──コロナ禍の直撃を受けた母子世帯

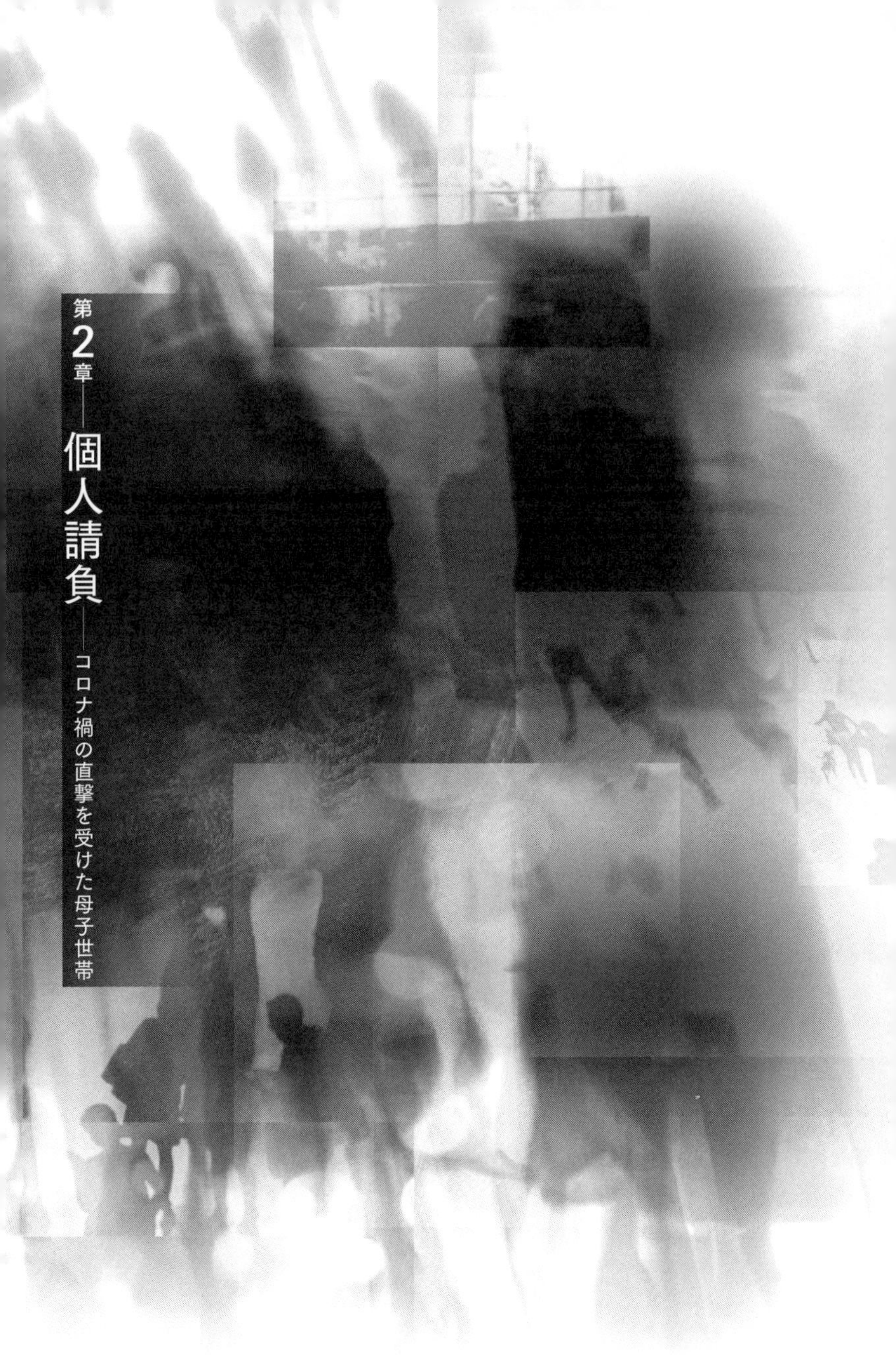

「ここで娘と、天丼とうどんのセットを食べたんですよ」

東京都内の湾岸地区にあるショッピングセンターのフードコートで、三六歳のシングルマザーはチェーンのうどん店を指さした。

三年前の冬、「これがこの世で最後の食事」と覚悟を決めて、当時小学校二年生だった娘と食事をした場所だ。ショッピングの合間に小腹を満たすフードコート独特のざわつきと、どこかよそよそしい華やかさが、「最後の食事」の場所としてより切なさを感じさせた。

コロナ禍に追いつめられる

女性は健康飲料の販売員として個人請負で働いていた。新型コロナウイルスの感染が拡大するなかで、個人請負の人々がどんな影響を受けたのかを取材中、彼女の友人で同業のシングルマザーから、「ぜひ話を聞いてあげて」と紹介された。紹介の理由を尋ねると、声をひそめて「彼女ね、お子さんと心中しようとしたの」とささやいた。

その女性は、彼女の家に遊びに行った際に打ち明けられた。人には知られたくない話だし、言いたくもないだろう。なぜ打ち明けたのかを聞くと、「許してほしいわけじゃないけど、誰かに聞いてほしかった。生活の苦しさから自分の娘と一緒に死のうとした。誰かに聞いてもらわないと、またそう思いそうで……」

同じ境遇で暮らす友人は、その言葉に、思わず女性を抱きしめた。そして声をあげて泣いた。筆者の取材を受けるなかで、この話を伝えたいと思い、彼女の了解を取って引き合わせてくれた。

彼女たちが生活困窮にあえいでいた二〇二〇年一〇月、警察庁の統計では、同月の自殺者は二二三〇人。前年同期比で約七〇〇人増えている。月の自殺者が二〇〇〇人を超えるのは二〇一八年三月の二〇〇五人以来だった。自殺者は男性が一三四一人、女性が八八九人。男性のほうが多いが、女性は前年同期比で八〇％以上も増えている。

この時期に限らず、コロナ禍のなかで女性の自殺者が増えていた。心理学の専門家は「雇用情勢が悪化すると男性の自殺割合は増える傾向にある。女性の急増はどう考えたらいいのか。生活の困窮が原因だとすれば大変なことだ」との見方を示していた。生活の困窮が女性を追いつめていた一端がうかがえる。

初任給の安さから公務員にならなかった

彼女は新潟県の出身だ。県内の高校を卒業すると、資格に強い専門学校を選んで上京した。地元にも資格系の専門学校はあったが、東京での生活に憧れた。

特に就きたい仕事があったわけではないが、「安定した堅実な仕事がよい」と思い、簿記や商業英語、秘書検定など、安定した仕事につながると思えた科目を学べる専門学校を選んだ。二年間で取れるだけの資格を取った。そして、三〇社以上の面接を受けて、スポーツ用品を扱う中小企業に正社員で就職することができた。実は二三区のある区の公務員採用試験にも合格していた。けれど、公務員は選ばなかった。女性は「初任給が民間と比べて五万円ぐらい安く、生活が苦しいなと感じたんです。長い目で見れば、安定して働ける仕事だったんですけどね。浅はかでした」と振り返る。

公務労働の賃金は年功序列の傾向が強く、若年層では生活が厳しい側面がある。実際、国家公務員の高卒初任給を時給換算すると最低賃金を下回る水準であるとの試算もあるほどだ。一時金を加えた年収としては最賃を上回るが、賃金の基本は月々の給与だから、深刻な事態だ。彼女が公務員を選ばなかったのは、選り好みでもぜいたくでもなく、東京で一人暮らしできる水準を考えた現実的な判断だったとも言える。

ともあれ、二一歳で中小企業に正社員として就職して社会人生活をスタートさせた。ぜいたくはできないが、生活に困ることはなかった。ただ、専門学校時代に借りた奨学金を月に二万円返済するのは負担になってはいた。それでも、滞らせることなくやりくりして返済していた。仕事は経理課に配属された。パソコンや経理ソフトの扱いは慣れていたため、重宝がられた。順調な会社生活のなかで、唯一不安だったのが、残業代が曖昧にされていることだった。月末の締め日を中心に、多い月では月五〇時間の残業をこなした。けれど、給与明細を見ても一〜

二万円がプラスされているだけで、まったく実態に合っていない。「もしかしたらブラック企業なんだろうか」とも思ったが、そこを除けば、十分とは言えないがボーナスも出ていたので、我慢した。

「うちは子どもができたら、退職か契約社員」

ところが、この企業がブラックだったことが発覚する。

仕事を始めて四年目、付き合っていた男性と結婚することになった。上司に報告すると、「おめでとう」という言葉の前に、「子どもは？」と問われた。「まだ、予定はありません」と答えると、「そうなんだね。うちは子どもができたら、退職するか契約社員になってもらうことになっているんだよ」と告げられた。

当たり前のことだが、男女雇用機会均等法はその九条で妊娠や出産を理由とした解雇など不利益な取り扱いを禁じている。「退職してもらう」にも驚いたが、契約社員に〝降格〟とはどういうことなのか。事情を知る先輩の女子社員にこっそり聞いてみると、会社は子どもを産んで残業などで融通がきかなくなる女性を雇用したくないらしいとのこと。あからさまに解雇すれば問題になることは知っているらしく、強制はしていないと装うために契約社員の選択肢を示しているという。ただ、いったん退職させたうえで、低賃金でいつでも雇い止めできる労働力として使うというタチの悪さは隠しようがない。

「ああ、やはりこの会社はブラックなんだ」と感じた。だが、その時は妊娠していなかったこともあり、抗議しても仕方がないと思い、「そういうルールなんですか」と問い返すにとどめた。その問いにうなずく上司を、怒りと軽蔑の思いでにらみつけた。

結婚してほどなく妊娠した。パートナーに会社の〝ルール〟を話すと、「ひどい会社だな。そんな会社、辞めちゃえ。家事と育児に専念してよ」と言われた。

初めての出産、育児に不安があり、そう言ってもらえるならと、会社を辞めることにした。いま思えば、「早まったことをした」と思う。自分には何の瑕疵《かし》もないのに、辞めることはなかった。けれど、会社には労働組合もなく、相談する相手もいなかった。退職金二五万円が五年働いた証のように振り込まれていた。

まもなく女の子が生まれた。産休は取得したが、出産と同時に仕事を辞め、家事に専念した。しかし、思った以上に育児は大変だった。「仕事も辞めたんだから」と夫は家事・育児に協力することはなかった。子どもが夜泣きをすると、初めのうちは舌打ち程度だったが、だんだん「何とかしろ。黙らせろ」と怒鳴るようになった。ドメスティック・バイオレンス（DV）が始まったのだ。専業主婦になれと言ったところで、夫の月収が上がるわけではなく、彼女の収入がなくなった分、生活は苦しくなった。そんなこともDVの背景にはあったのかもしれない。

言葉の暴力は子どものことだけでは済まなくなった。食事に好みでない料理が出た、洗濯物がためていないなど、ささいなことにまで及び、ほどなくして、殴るなど物理的な暴力も始まった。自分が暴力を受けている時は何とか耐えようと思った。だが、娘の太ももにつねった跡のようなアザを見つけた時、子どもを守るために逃げなければならないと決意した。

自立できる生活を求めて奔走

貯蓄も十分ではなく、生活していけるか不安だった。でも、逃げなければと思い、やはり上京して就職していた兄のマンションに身を隠すことにした。子ども用品や必要な荷物を、ばれないように少しずつ宅配便で送り、準備を整えて家出した。

ある日、夫が出勤したのを見計らって家を出た。だっこした娘は、お出かけかと思ってご機嫌だった。衣服を詰め込んだキャリーケースは上京した時に買ってもらったものだった。夢見た都会暮らしの結末が家出かと思うと、涙が頬を伝った。娘が不思議そうな顔で母を見上げている。「泣くな。逃げるんだ」と小さな声で自分を鼓舞すると、小走りに駅に向かった。

兄は優しかった。「大変だったな」と迎えてくれて、離婚をどう進めるか、今後どうやって暮らしていくかなど丁寧に相談に乗ってくれた。だが、一歳になったばかりの子を抱えて一からスタートするのは厳しかった。離婚手続きを進めながら、しばらく兄のもとで世話になることにした。

シングルマザーが子を育てるにはどういう支援があるのか、仕事はあるのか、収入はどれぐらい必要なのかなどを調べた。児童扶養手当が満額で約四万三〇〇〇円の給付がある。健康保険や国民年金での支払いが減免され、医療費は自治体によっては低額か無料で利用できる。そうしたことがわかった。そして、それらを利用するキーワードが、「住民税非課税」という言葉だった。所得合計が一三五万円以下であることがカギだった。

仕事を探すと、定時で働けたり、子どもの通院やお迎えで時間の融通がきいたりする正社員の仕事はほとんどなかった。あっても自分が持っているような事務職の資格は必要とされておらず、働き口が見つからない。安定した仕事のなさに「好むと好まざるとにかかわらず非課税世帯になってしまうのかな」と兄に愚痴を言っていた。仕事を探しながら制度を調べているうちに、兄の住居に身を寄せていると、非課税であっても児童扶養手当を受給できないことに気づいたという。それに、いつまでも兄に頼っているわけにはいかない。仕事を決めてアパートを探さなければいつまでも自立できない。まず、アパートを借りる算段をつけて、兄宅を出ることにした。

1DKで家賃六万円のアパートを借りた。子どもが小さいうちは一部屋で十分だと考え、退職金二五万円と貯金で、どうにか敷金などの費用をまかなった。協議離婚する際、ともかく逃げることを優先したため、養育費は毎月二万円で承諾した。五万が相場だと聞いてはいたが、アテにはできないと思い、最初から低い額で承諾した。案の定、養育費は半年もすると送金されなくなった。

仕事を探していて目についたのは、看護師や介護福祉士、保育士などの医療・福祉系の資格をともなう仕事だ。短時間でも正社員であったり、待遇が良かったりする仕事が多かった。そうした仕事を除けば、安定した仕事は少ない。

さらに、保育園も難問だった。「仕事が決まらないと保育園も決められないという感じで、『順番が逆だろう』と職探し中、ずっと不満でした」。そんな難問を〝解決〟してくれる仕事があるのだと友人が教えてくれた。それが、健康食品、飲料の訪問販売だった。

シングルマザーにとって働きやすいシステムだった

その会社は、都内各所に会社独自の保育施設を保有していた。彼女が住むアパートから自転車で行ける場所にも保育施設があった。その仕事に就けば子どもを預けることができる。働く時間も午後三時頃までの短時間だという。何より、仕事と保育の問題が同時に解決するのは魅力だった。すぐに説明会へ行き、話を聞いた。

システムはこうだ。会社から健康飲料やヨーグルトなどを仕入れ、前の担当から引き継いだ会社や個人宅などの顧客のもとに届け、その手数料が収入になる。出来高払いの完全歩合制だという。保育園には始業前に預け、仕事終わりに迎えに行ける。費用はおよそ六〇〇〇円前後だという。働く時間も融通がきくし、無理なノルマもないという説明だった。そして、一年間は月一〇万円の収入保証があるとも聞いた。二歳の子どもを一人で抱える自分にはちょうどよい仕事だった。すぐに面接を受けて採用され、働きはじめた。

一つ、思っていたことと違ったのは、その会社とは雇用契約ではなく業務委託契約で働くということだった。つまり、労働者ではなく個人事業主ということだ。仕事は午前八時半ぐらいまでに会社の保育園に子どもを預け、販売の詰め所へ向かい、前日に発注した飲料や食品の商品を受け取り、オフィスや個人宅に届ける、というものだ。商品を届けつつ、客の体調や健康状態を聞き、新たな商品を紹介したりもする。彼女の場合、午前九時から午前中いっぱいかけて商品を届け、午後は売上の整理などの事務をこなし、遅くとも三時までには子どもを迎えに行く。土日を除く週五日、そうして働き、約一〇〜一二万円の収入になった。

完全歩合制だから、工夫して売上を大きく伸ばせば収入を増やすことも可能だ。また、子どもの急な発熱などがあっても、同じシングルマザーが多いこともあり、気がねなく休むことができたし、年収が一三五万円を超えそうになったら、働く日数を調整することも可能だった。彼女は「シングルマザーが働きやすいという点では、よくできたシステムだと思う」と話す。けれど、雇用契約ではないため、労災保険や雇用保険は適用されない。けがなどは会社独自の保険制度があったというが、最低賃金も含め、労働者として守られてはいない。それが身に染みたのが、新型コロナウイルスが感染拡大した時だった。

コロナ禍が直撃

二〇二〇年一月、新型コロナウイルスの感染拡大が始まると、政府は四月に一回めの緊急事態宣言を発出、外出自粛やイベント制限などを求めた。

一回めの緊急事態宣言では、飲食店の営業中止に始まり、人と人の接触が制限される状態が一カ月以上にわたり続き、さまざまな社会活動が制限された。この時、多くの企業が休業などを実施し、会社の休業中は労働者に休業補償が行なわれた。彼女が働いていた健康食品の会社でも、お得意先である企業のオフィス閉鎖が相次ぎ、人と人との接触も制限を求められたことから、彼女たちにも一カ月の休業が伝えられた。だが、彼女たちは個人請負のため、会社側からは休業が伝えられただけで、彼女たちの売上（実質的には賃金）の補償の話は出なかったという。労働者でない彼女たちには補償の必要はない、ということだ。

しかし、彼女と同じように働く女性たちから相談を受けたという都内のある弁護士はこう説明した。

「会社は、彼女たちに商品を卸す契約をしているにもかかわらず、一方的に一カ月、商品を卸さないというわけです。だから、契約違反で賠償が必要なのではないか」

そのような声が各地からあがったのか、突然、事態が動いた。「会社は突如、『休業期間中、売上の六割を補償する』と言ってきたんです。六割補償って、こんな時だけ労働者扱いするんだと呆れました」

いずれにせよ、コロナ禍が彼女の生活に与えた影響は大きかった。前述したように、一カ月の休業を含め、売上は大きく減少した。

「非常事態宣言が解除されてもしばらくはオフィスに人は戻ってきませんでした」

リモートワークが推奨され、働き方が大きく変わって、オフィスに社員がいない光景が日常になった。いつまで経っても人は戻らず、売上も回復しない。休業時に売上補償をした会社も、宣言が解除されれば〝完全歩合〟に戻る。売上はコロナ前の半分以下、悪い時は三分の一以下になっていた。「もともと一〇万円前後の手取りしかないのに、それが月三〜五万円になってしまった」と語る。

その頃、個人事業主で大幅な売上減少（前年同月比で五〇％以上の減少）があった人には最大一〇〇万円の現金が給付される持続化給付金制度が始まった。彼女たちも大幅な売上減があり、その制度を使うことができた。この一〇〇万円で、ようやく一息つくことができた。その頃、売上の減少に加え、仕事に行ける日も減っていた。コロナで学級閉鎖があったり、登校と在宅のリモート授業が隔日で行なわれたりするなど、小学二年生の娘を家に一人では置いておけないため、仕事を休まざるをえない日が増えた。収入はさらに減り、給付金も瞬く間に生活に消えていった。

もともとが堅実な性格だから、やりくりには自信があった。しかし、節約できないマスクや手洗いなどコロナ対策の細かな出費が重なったり、物価が上昇したりで、生活は日々困窮していく。貯金もろくにないのに、収入は減り、出費だけがかさむ。二合炊いたご飯は三日分の主食。そのまま食べていては量がもたないので、野菜を入れた雑炊にしたり、安売りの豆腐などを入れたりして、かさ増しする。三玉で九九円のうどんを煮て、ふやかしてかさ増しした。そうした工夫も、食費が乏しくなれば、野菜はもやしだけ、キャベツだけとなり、調味料も味噌が切れ、醤油が切れ、味つけすら困難になってくる。娘には日に三食食べさせて、自分は一食で我慢するなど、耐えてしのいだ。

彼女はこの頃を、「暇さえあればスマホで何か支援制度がないか検索していた」と振り返る。家賃支援の住居確保給付金もスマホで発見し、「嫌になるほど面倒な申請作業」を乗り越え、九カ月間、給付を受けた。新しい支援はないか、日課のように区のウェブサイトをチェックした。そんな日々を続け、二〇二〇年を何とか乗り切った。

この世から離れようとする自分を、娘が引き止めた

年が明けると個人事業主は、確定申告の準備も追い込みの時期になる。職場の友人が気になることを言っていた。「持続化給付金の一〇〇万円、収入認定されるみたいだよ。非課税を超

えてしまうかもしれない」。目の前が真っ暗になった。そんなことは考えてもいなかった。ただただ一〇〇万円の給付がありがたいと思っていたが、収入認定されれば自分も一三五万円を超えてしまうかもしれない。そうなれば、児童扶養手当も減額になり、使えない給付制度も出てくる。

結果としてはそうはならなかったのだが、その時は情報に気が動転していた。緊張の糸がプツリと切れたように体から力が抜けたのを覚えている。ふだんの自分なら、徹底的に調べあげ、真偽を確かめるのだが、その時は怖くて調べる気になれなかった。彼女は「調べたら最悪の結果にたどりつくかもしれない。『もう頑張りようがない』と、死ぬことを考えた」と振り返る。

「これ見てください」。彼女はフォトブックをテーブルに載せた。開くと、それは写真スタジオで撮影された、一人娘の七五三の記念写真だった。着物姿やドレスに日傘、ロックな衣装……。かわいらしい笑顔の写真は、それだけで見る者を微笑ませる。だけど、母親である彼女が映っていない。なぜ一緒に撮らなかったのかと聞くと、「子どもはスタジオにある衣装で写真を撮れるけど、親は自前だから。一緒に写真を撮れるような服なんてないし」と視線を落とした。

持続化給付金の収入認定の情報にパニックになった彼女は、子どもを道づれに心中を考えた。そして、七五三の写真を撮っていなかったことを思い出し、最後に記念の写真を撮ってあげようと娘を連れ出したのだ。

フォトスタジオで撮影を終えると、近くのショッピングモールに行き、「七五三のお祝い。何でも好きなものを食べていいよ」と言った。ふだんは買い物に来ても必要なものしか買わない。それがわかっているから、娘はフードコートをうらやましそうに見るが、決しておねだりをしたことがない。彼女はそんな〝物わかりがいい〟娘が不憫でならなかった。だから、最後に好きなものを好きなだけ食べさせようと思ったのだ。

母の言葉に娘の目が輝いた。長いフードコートを端から端まで、スキップしながら何往復もして、食べたいものを〝吟味〟した。ハンバーガーにパスタ、焼きそば、フライドチキンに弁当……、あれもこれもおいしそうだ。「決められない」と半べそになりながら、ようやく天丼とうどんのセットに決めた。恥ずかしそうに母の耳元で、「あのね、アイスも食べたい。だめ？」と聞いてきた。どちらか一つだけかと決めかねていたのだ。

親子の日々のつましい生活が浮かぶ。母が「いいよ」とうなずくと、娘は母に抱きついた。「こんなふうに甘えられるのも久しぶりだ」と思った。コロナを耐え、生き抜くのに汲々としていた自分の顔はきっと怖く、甘えたくなるような顔ではなかったのだろう。

「コロナの食事はこうだよ」との娘の助言に従い、二人並んで天丼セットを食べた。「ママ、おいしいね」。食べている間、何度もそう語りかけてきた。食後のデザートはチョコレートパフェだ。アイスをねだったが、本当に食べたいのはこれだろうと母は知っていた。フードコートの六二〇円のパフェ。チョコのかかった生クリームとアイスを一緒にほおばると、娘の体がブルブルと震えた。初めて食べたパフェがあまりにおいしかったのだろう。吐息を吐きながらゆっくりと食べた。

帰り道。手をつないだ母に娘は、「おいしかったね」「楽しかったね」と飽きずに声をかけてきた。満足そうな寝顔の娘と並んで布団に入ったが、寝つけなかった。フォトスタジオにフードコート。この日、使ったお金は二万二五〇〇円。大金だ。けれど、もう関係ない。死のうと思っていたからだ。悩んでいたのは、娘を一緒に連れて行くか、自分だけ死ぬかだ。自分が死んだ後、残された娘の泣き顔を想像するとたまらない。

頑張ってきた。けれど、本当に先が見えない。コロナ対策だといって、会社は現金決済から電子決済にするという。だが、そのシステム導入費用は個人負担だ。そのうえ、電子決済だと手数料を取られ、取り分が減る。子どものために頑張ろうとギリギリ保ってきた心が悲鳴をあげていた。

どう死ぬかを考えつづけるうち、フォトブックができてきた。照れながらも歓声をあげる娘と見た。どれもかわいい。娘の写真のキーホルダーも一つあった。それはとびきりかわいいドレス姿の娘。娘が欲しいというので、八〇〇円でつくった。けれど、娘はそれを母に渡した。

「いつもお仕事、大変そうだから。お守りにして。いつも一緒だよ」

「娘は何か感じていたのですかね……」。そう話すと、しばし、泣きつづけた。

この世から離れようとする自分を、娘が必死に引き止めているように思えた。そして、何があっても娘とともに生き抜くことを決意した。

「パフェを食べ、体を震わせる娘を連れて行けない。何も楽しいことを経験していない。人生最後の思い出がフードコートのパフェでは悲しすぎる。娘も私も……死んでたまるかって」

それからはそれこそ、何でもした。

「炊き出しには並ばなかったけれど、食料配布には親子で手をつないで並んだ。公の支援、民間の支援、使える制度は何でも使った」

そして、コロナ禍を生き延びた。

老後のためのトリプルワーク

彼女が特別、厳しい生活を強いられていたのか。

厚生労働省が公表した二〇二一年度全国ひとり親世帯等調査結果を見てみる。それによれば、ひとり親世帯は母子世帯が一一九・五万世帯、父子世帯が一四・九万世帯だ。パート・アルバイトなどの非正規で働く母子は三八・八%、父子は四・九%。正社員は母子が四八・八%、父子が六九・九%。自営業（個人請負含む）は母子が五%、父子が一四・八%となっている。女性は非正規が四割近く、約五%の男性と大きな差がある。それは収入にも反映し、女性の就労収入が二三六万円であるのに対し、男性は四九六万円と、倍以上の開きになっている。児童扶養手当や養育費、親の仕送りなど、すべての収入を含んだ平均年収でも、女性が二七二万円で、男性の五一八万円とは大きな開きがあり、母子家庭の生活の困難さが浮かぶ。

母子世帯で、非正規で働く母親は平均一五〇万円の就業収入、一〇〇万円未満が二五・四%、一〇〇〜二〇〇万円未満四九・五%、二〇〇〜三〇〇万円未満が二〇・五%となり、約七五%が二〇〇万円未満で働いている。母子でも正社員は平均が三四四万円で、一〇〇万円未満は二・五%、一〇〇〜二〇〇万円未満一二・八%、二〇〇〜三〇〇万円未満三〇・五%、三〇〇〜四〇〇万円未満二四・四%となり、非正規の倍以上の年収になっている。だがそれでも父子の正社員と比べれば半分以下の水準だ。正社員で働けたとしても生活困窮に直面する事態が予想される。生活の厳しさは、貯蓄額からも推し量れる。貯蓄額は母子では五〇万円未満が三八・八%、五〇〜一〇〇万円未満が九・六%と、約五割が一〇〇万円未満の貯蓄であることがわかる。いざという時の蓄えはないに等しい。

彼女も貯金はほとんどなかった。会社のウェブサイトには「副業も可」と書いてある。

「副業しないと生活できないってことですよね。人を都合よく使っているとしか思えない。私たちはばら売りの商品ですか?」

その彼女も、子どもが四年生になったのを機にダブルワークを始めた。小さな子を抱えたダブルワークは近所で仕事を見つけることが鉄則だ。個人請負を終えた午後二時から二時間、弁当屋で弁当を仕込む。その後、学童保育から帰った娘と食事をともにする。おかずは弁当屋で余った惣菜をもらってくる。そしてこの春からもう一つ仕事を増やし、午後八時から居酒屋でホールや調理で三時間働く。どちらの仕事も最低賃金プラス一〇円程度の一一二五円の時給（二〇二三年一一月）で、居酒屋は一時間だけ深夜割増がついて一四一〇円となる。週五日働き、二カ所で約一三万円の収入だ。個人請負の稼ぎと合わせると約二五万円になる。非課税額は超えてしまうが、それでも、娘の将来の進学資金として貯金をしたい。加えて、自分の老後も考えている。個人請負で国民年金に加入しているが、それでもらえる年金はせいぜい五〜六万円だろう。この仕事を続けるなら個人年金を積立しなければ、老後が不安なのだ。そのために、トリプルワークが避けられない。

新たにパートを始めて、初めて最低賃金に関心を持ったという。というのも、個人請負では、最賃が上がっても法は適用されないから、〝請負代金〟は上がらない。

「請負で働きはじめてから、取り分のベースはほとんど変わっていない。『多く欲しければ売上を増やせ』という理屈。でも、コロナのように自分の頑張りではどうしようもない時もある」

何の保証もない働き方なのだとあらためて思う。二〇二三年度の最賃の改定報道を見て、計算すると、パート二つで月に五〇〇〇円上がる。「私の食べているお米で二〇キロ。一カ月分のお米だ」と笑った。初めて、賃金は上がるものなんだと実感した。彼女は「もちろん足りない。最賃はもっと上がってほしい。でも賃金が上がる喜びを知らずにきたので、ちょっとだけ感動した」と話した。

筆者は二〇〇八年の「年越し派遣村」の前後から、炊き出しや生活困窮者の支援に、少しずつだが携わってきた。そのなかで、女性の困窮も取材するようになった。もちろん、昔から女性の困窮はあったわけだが、特に派遣村などで支援をしている頃は、男性労働者の支援がメインだった。炊き出しや食料支援の現場に女性が出かけづらいという事情があったのだと思う。それが、今回のコロナ禍の支援で「コロナ被害相談村」（二〇二〇年、二一年）や大人食堂を手伝うなかで、女性の相談者を見かけるようになった。なかには親子連れ、家族で支援の列に並ぶなど、これまでにない光景を見ることになった。

もとより、労組や社会問題に関わる女性の活動家たちは、支援の現場に女性ブースが独立して設置されていなかったことを問題視していた。二〇二〇年の相談村では、相談の列に男性に交じって女性が並んでいるのを確認すると、女性の活動家たちが女性ブースをこしらえて対応した。その行動は、その後、女性のみで運営される「女性による女性のための相談会」などの活動につながっていく。いずれにせよ、非正規労働と女性の困窮は切り離すことのできない問題だ。

第3章——若者漂流

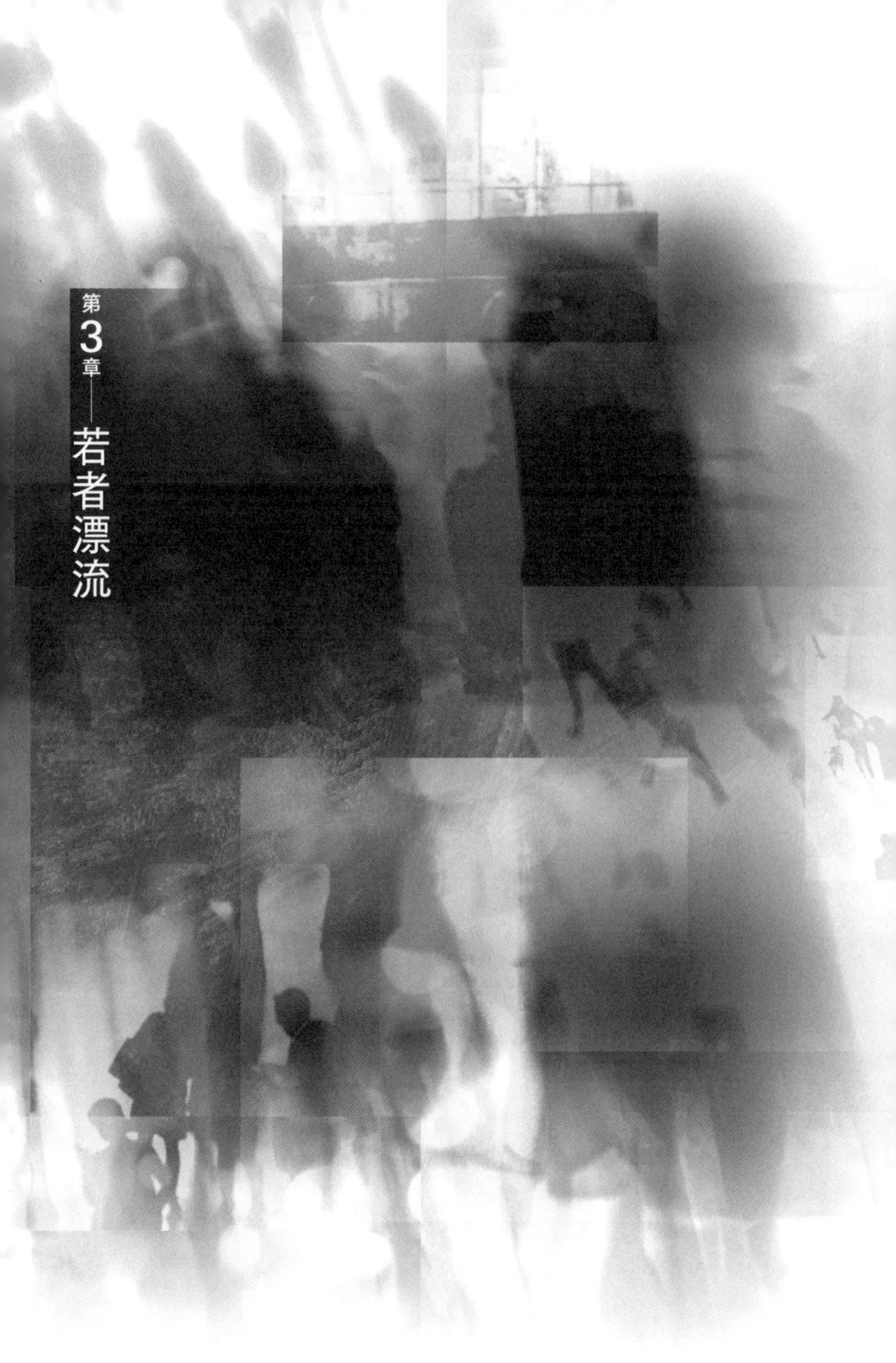

大阪・茨木市。住宅街の外れに何棟もの府営住宅が建ち並んでいる。ここに、住居を持たない若い女性が入居可能なシェアハウスがある。

若者を支援するグループが、空き室の多かった府営住宅で「目的外使用」を認めてもらって借り受け、シェアハウスにリフォームした。立ち上げの中心になったのは、同市在住で社会福祉士の辻由起子。自らワゴン車を運転し、茨木駅に今晩の〝お客さん〟を迎えに行った。

人とつながれるシェアハウス

「おかん、来たよお」と、手を振りながら駅の階段を駆けてきたのは、東京都内在住の希咲未來(二四)。一泊二日で関西を訪れ、今晩はシェアハウスに泊まるのだという。

黒のミニスカートに黒のブルゾン、黒いブーツの未來は「職業・ギャル」と書かれた名刺を神妙な顔で筆者に手渡すと、「よろしくお願いします」と笑顔をはじけさせた。パンパンに荷物を詰めたキャリーケースを引く未來に、辻は「一泊二日で何をそんなに持ってきてん? 同じ一泊二日でも東海林さん見てみぃ、こんなペラッペラのリュック一つやで」と笑った。関西のおかんもとびきり明るい。

辻と未來がつながったのは、このシェアハウスを紹介する新聞記事がきっかけだった。記事を読んだ未來は「自分たちがいま、欲しいものがこれ。東京にもあったらいいのに」と思い、すぐ辻に連絡を取り、会いに来た。それ以来の〝親子〟関係だ。

未來は、一四歳の時に家出してから、安心して暮らせる住居のない生活を続けてきた。児童養護施設や児童福祉施設を転々とし、ネットカフェ、ホストの家、見知らぬ男の部屋……。危険と隣り合わせの夜の街をねぐらに生きてきた。だから、面倒な手続きなしに、低額で安心できる住居を提供する取り組みに共感し、駆けつけたのだ。そして、辻の話を聞き、自分の話を聞いてもらった。人とつながる安心感が心地よかった。部屋に上がった未來が履いていたのは、「すいとーと」の博多弁が書かれたハローキティの黒いソックス。

「未來。ないわー。二三でキティの靴下はないわー」

辻の言葉にまた、笑い合った。

この日、未來の他にもう一人の若者がいた。一九歳の男子Ｉだ。兵庫県加古川市の少年院に入っていた。Ｉは少年院を出る間際、辻が運営する施設内でのミーティングに参加した。ミーティングには未來もゲストとして加わっていた。未來とは二度めの顔合わせだったが、Ｉは未來のキャリーを自然に運んでいた。辻はそれもまた、うれしかった。

社会を生き延びるための知恵を教えられたことがない

辻による少年院でのミーティングは「性・生教育」と題して行なわれ、辻は「生きるために必要な、『処世術』を伝える講座」と説明する。いわば生きる知恵を授けるのだ。

中身はこんな項目だ。権利について（人と人は対等、暴力で支配しない・されない）▽パートナーシップ（愛って？　依存との違い）▽性教育（性的同意、避妊、生理、性病）▽心の取り扱い方（ブラックハート、レッドハート）▽お金の話（給料、税、社会保険料）▽暮らしの話（ライフライン契約、家事）▽行政手続き（住民票、戸籍、課税証明　書類の書き方）など多岐にわたっている。時間をかけ、それらを丁寧に説明していく。

少年たちは、こうした生きる知恵を正面から学んだことがない。それが、生活を破綻させる「落とし穴」にもなる。それを知恵で埋めるのだ。

辻は、東京で言えば通称「トー横」（歌舞伎町の新宿東宝ビル周辺の路地）に当たる大阪の「グリ下」（心斎橋のグリコの看板の下）にたむろする行き場のない若者たちから、SNSを通してSOSを受けて支援を重ねてきた。そのなかで「性」と「生」の教育の重要性を痛感した。

辻は、「働くことがすべての基本になる。不安定だとか収入が低いとか、働くことが脆弱《ぜいじゃく》だと、生活そのものが揺らいだり成り立たなかったりすることに直結する」という。低賃金など雇用の不安定さは若者の自立の大きな妨げなのだ。

こんなケースを想像してほしい。辻が出会ってきた若者たちが陥った例だ。仕事が見つからず働けない、あるいは生活が成り立たないような低賃金で働かされている。いつもお金に困り、ついには家賃の滞納など生活が回らなくなる。経済的な困窮は心から余裕を奪い、ふだんであればできる「適切な判断」ができなくなる。やって良いことと悪いことの判断があやふやになり、犯罪に巻き込まれてしまう……。被害者になるか加害者になるかは紙一重だ。

トー横やグリ下の若者たちだけではない。低賃金で働く人には誰にでも起こりうる。こんな時に頼りになるのは親族や知人だが、DVや虐待で親族との関係が壊れている人や、いじめを受けるなど対人関係でつらい思いをしてきた人らは、そうした手を差し伸べてくれる人や頼るべき人がいない。

最後のセーフティネットは行政機関の支援制度になる。だが、そこにつながるのがまた簡単ではない。行政の〝支援〟を得るには細かな書類や証明書の提出、未経験者には難解な申請書の書き方など、さまざまな関門が立ちはだかる。制度があることを知っていたとしても、自力で利用までたどりつくのは相当に大変なことだ。利用しやすいシステムでなければ〝ネット〟にはならないのに、目の粗いネットでは、多くがこぼれ落ちてしまう。

ご飯を食べることも命を守ること

行政の支援につながる難しさの例を紹介する前に、少し話を戻す。辻たちが運営するシェアハウスを訪ねてきたＩのことだ。辻は、少年院を出たＩの相談に乗っていた。Ｉは少年院を出ると、すぐに辻にダイレクトメッセージを送った。ミーティングの際に辻が「(少年院を)出たらいつでも相談に乗るよ」と言った、その一言を頼ってのことだった。相談できる〝大人〟との初めてのつながり。Ｉの相談は仕事のことだった。辻がミーティングで話したある飲食店の話が心に残り、もっと話を聞きたいと思ったのだという。

辻は新型コロナウイルスの感染が拡大するなかでその店が出したメッセージを、「伝説」と表現する。大阪・梅田の居酒屋「旬菜鮮魚　てつたろう」(柳川誉之《たかゆき》代表)が出したのは、こんなメッセージだった。

「もうあかん」って思ってる人はてつたろうに来てください。そして、ご飯を食べてください。でも……食事をしたら、次の二つの見返りが欲しいです。

●「自分自身も含めて人を殺さない」
●「将来、誰かにご飯をご馳走してあげる」

「もうあかん」って思った時に、ご飯を食べることも命を守ることです。人は絶望を希望に変えることが出来る！　みんな！　がんばろう！

思いは辻の少年や少女に向き合う姿勢と共通する。てつたろうは、困窮者支援のNPOと協力して、無償でお弁当を配るためのクラウドファンディングを行なったり、定額で飲食店を応援し、困窮者にも継続的に食事を届けるシステムをつくるなど、食を通じて人をつなげ支援する活動をしている。

I少年は、「もっとてつたろうの話が聞いてみたい」と言った。辻はさっそく店に連れて行き、柳川を紹介し、一緒にご飯を食べて話をした。料理をつくることが好きだった少年。高校時代、カップケーキをつくって振る舞うと友だちがとても喜んでくれた。そんな記憶をたどりながら、「いま仕事を探しているけれど、誰かに喜んでもらえる仕事をしたい」と話した。I少年はその後、辻らの協力もあり飲食店に仕事が決まった。しばらくして辻にラインが届いた。「お菓子作ったら要りますか?」仕事がうまく行っているか気にかかっていただけに、うれしいメッセージだった。「要るに決まってるやん」と即答した。

未來とともにシェアハウスを訪れたIは、カボチャのおばけがプリントされたハロウィン仕様にラッピングした手作りのクッキーとカップケーキのお菓子セットを二人にプレゼントした。二人は歓声をあげ、「まぢ、うまいんだけど」とさっそくほおばった未來が言えば、「このお菓子は一人占めや。誰にもあげへん」と辻。シェアハウスに笑いが広がった。少年はうれしくて仕方ない様子で、ずっとニコニコしてその様子を見ていた。

身分証明書を確保する大変さ

仕事が決まった。仕事も楽しい。趣味のお菓子づくりを楽しむ余裕もできた。お菓子をあげたい人がいる、お菓子に喜んでくれる人がいる……いいサイクルが回っていると辻は感じていた。あれこれ話をしながらの楽しいお茶会。辻はⅠに、「マイナンバーカード、持っている？」と聞いた。首を横に振るⅠ。「つくっとこ。最強の身分証明書やで」と言うと横から未來が「それなー。すっごく大事だよ。路上で暮らすことに追いつめられた時でもさ、毛布とかは落ちているかもしれないけど、マイナカードは落ちてないからね」と半ば笑い、半ば本気であいづちを打った。夜の街をさまよい、〝住居〟のない生活をしていた未來は、身分証の大事さを痛感していた。辻の「性と生」の講座でも重要なテーマだ。

だが、マイナンバーカードを実際に入手しようとすると、手続きは面倒だ。辻は一からⅠの相談に乗り、「明日、（少年院のある）加古川へ行く用事があるから、その時に手続き、やっとこう」と、一緒に必要な書類を書きはじめた。Ⅰがマイナンバーカードを取得するには、つい先日まで少年院にいたⅠの住民票があるであろう加古川市で住民票を確認、課税証明などを入手し、いま住んでいる大阪市に住民票を移すなどの手続きをとらなければならない。これが第一歩だ。辻がIの代理人となり、住民票を移すまでに必要な書類を準備していく。辻は「身分証があるとないとでは、就職からアパート探しまでやりやすさは大違いだから。でも、こんなややこしい手続きをしないと手に入らない。これを彼ら彼女らに一人でやれって、無理な話よねえ。こういうとこでつまずいてしまうの」とため息をついた。

翌日、辻はIと一緒に書いた書類を持って加古川市役所に向かった。同市は、申請書類を窓口で職員とともに作成して申請できる住民サービスの先進市としても知られる。受付の窓口には「署名だけで申請できます」と書いてあるほどだ。

ところが、住民票を請求した書類は突き返された。辻を代理人として依頼する書類にIの署名が一カ所、欠けていたのだ。一枚の紙に、辻に依頼したと書く欄が市役所宛と市長宛の二カ所あり、市長宛の欄にIの署名がなかった。働いているIは同行しておらず、その場で書き足すこともできない。また大阪から加古川まで一時間以上かけて出向かなければならない。

辻は、「まあ、こっちのミス。他の自治体と体裁が違うから。それでも融通、きかなすぎでしょ。他の自治体では首長宛の署名なんていらんし、ザ・お役所仕事の典型。若者たちが自力で来てこんな目にあったら、もう手続きができるとは思わず、あきらめてしまう」と口をとがらせた。

実際、辻はこんな場面に何度も遭遇してきた。

「身分を証明してください」（ないから来てる）、「書類に不備があります」（複雑すぎてわかりません）、「制度に当てはまりません」（何に当てはまるの）……。窓口で繰り返されるやりとりに辻は「書類を守って、人を守らず。地方自治の目的と手段をはき違えてはいけない。命を預かる仕事をしているのだから、人としての『心』を忘れてはいけない」と語気を強める。

辻の横にいた未來は、「うちも『制度に殺された』ってよく言っているの。制度はあっても、何の支援にもつながらなかったからね」と口にした。

結局、Ｉの住民票は本人も知らない間に大阪市内に移っていたようで、後日、大阪市で申請を行なうことになった。

若い世代の現実に寄り添った支援

若者やシングルマザーの支援を続ける辻は、ＳＯＳがあると、こんな項目を尋ねる。

①どこで寝泊まりしているか。ネットカフェや知人の家など、そこで暴力は受けていないか。②食事はとれているのか。③身分証明書を持っているか。④住民票はどこにあるのか。⑤手持ちのお金はどれぐらいか。⑥仕事はあるのか。

これらを聞いて、総合的に何が必要かを判断して、サポートを始める。人によってサポートの中身は変わるが、街をさまよっている若者にはこんな支援をする。まず、安心して寝泊まりできる場所の確保。そして住所変更手続きや住民票・健康保険証の確認をして、身分証明書を確保する。そうしたうえで仕事につなげていく。

とはいえ、スムーズに事が進むことは、まずない。申請のため役所に行こうにも交通費すら持っていなかったり、自分の住民票がどうなっているかを調べることができなかったりと、壁は多い。また、若者の就労支援など、何らかの行政支援に結びついたとして、申請が受理されてから給付までに時間がかかり、その間に手持ちの金が尽きてしまうこともある。支援を受ける前に干からびてしまい、危うい仕事に手を出すケースも少なくないのだ。

また、これは若者に限らず、失職者の多くが経験することだが、仕事が決まって働きはじめたとしても、賃金が支払われるのはたいてい一カ月先だ。その間に生活する資金が底をついたり、そもそも手持ちがなかったりしたら、仕事場へ通うための交通費や毎日の食事にも事欠くことになり、せっかく決まった仕事も働きつづけることができなくなる。労働現場を長年取材していると、非正規労働者の取材でよく聞く話でもある。

非正規労働者が非正規の仕事を繰り返すことに対して、「辛抱が足りない」「考えが甘い」「よく探したらもっと条件の良い仕事があるだろう」など、自己責任だと言わんばかりの批判をよく聞く。だが、低賃金のせいで蓄えもできないなかで、急な雇い止めなどで仕事を失えば、すぐさま食うに困る状況に陥る。雇用保険に入っていたとしても、給付期間が短く、給付額も賃金の六割程度だから満足な額ではない。非正規の仕事を繰り返している二〇代の男性は「仕事を失っても食費や家賃は待ってくれない。やりたいことや条件の良い仕事を選んでいる余裕はない。目の前の仕事に飛びつくしかない。いったん仕事を切られたら、最低でも二カ月は収入のない状態が続く。日払いの仕事でしのぐ手もあるが、それこそ不安定から抜け出せなくなる」とこぼしていた。辻は、「仕事が決まってお給料が出るまで、おおむね三カ月間ほどサポートするだけで、あっという間に生活は改善していきますよ」と言う。

辻がこんなエピソードを紹介してくれた。低賃金で働く若い女性の不安がどこにあるかがよくわかる。目の調子がおかしいという女性に、周囲の人たちが「病院に行きなよ」と言う。彼女も、その言葉が善意の心配によるものだとは理解している。病院に行かず、悪化したらもっとお金がかかってしまうのも知っている。けれど、いま、お金がいくらかかるか心配で、怖くて病院に行けないのだ。病気のこと以外に食費のことや誰かと会うためのお金、職場への交通費……。「フツウ」でいるためのお金が心配で、行きたくても、行けない。女性は、辻がかかったお金は「『振り込む』と言ってくれたので受診できた。初診の二〇〇〇円を安心して払えた」と辻に言った。少額かもしれないが、彼女にとっては大きい額だった。

「給料日まで『フツウ』でいれる安心感をありがとう。大人たちには『病院に行きなよ』じゃなくて、『お金の心配はいらないから病院に行こう』って声かけしてほしい。初診料いくらかとか書いてないし、三割負担って言われてもいくらかわからないから。自分の体のことより、『フツウ』でいるほうを選んじゃう。『行かなきゃ』って思えるようになっても『行けない』って、めちゃ苦しいんだよ」

彼女からそんな感謝のメッセージが送られてきた。また、こんな一文もあった。

「これが自分の体を大切にすることかぁ」

「フッウ」に暮らすライフラインを優先させ、病院をためらっていた彼女の本音だ。

自立への足がかりとなる場所

安定した住居とサポート。それを実現させるアイディアの一つがシェアハウスだった。

貧困や家族の暴力などの理由で安心できる住居がない一〇～二〇代の女性を対象にした。部屋は3ＬＤＫ（約七〇平方メートル）の三室を個室として、ＬＤＫを共有スペースにした。風呂、トイレも共用だ。ベッドや家具は備え付けられており、敷金や礼金、保証人は不要。家賃は水道光熱費やネット通信費込みで二万五〇〇〇円。

シェアハウスを取材した当日、辻のはからいで、男性も泊まれる別部屋の〝ゲストルーム〟に宿泊させてもらった。リビングにＩも一緒だ。お風呂もキッチンも使え（調理器具も使用可能）、ゲームやパソコンも装備された快適な空間。筆者は早々に寝落ちしたが、Ｉは深夜まで交流できたとうれしそうだった。

シェアハウスは即入居可能。貯金がない、保証人がいないなど困難に直面した女性がすぐに使える場だ。住居を確保することで、就職につながる身分証（住民票やマイナンバーカード）なども手に入れやすくなる。そして、シェアハウスを支える辻の仲間や地域の人々とのつながりも自立することへの助けとなる。取材に行った日も辻の仲間が、「今日、一人（シェアハウスを）卒業しましたよ。半年ほどいたかなあ」と話した。シェアハウスは確実に自立への足がかりとなっているようだ。

「ほんの少しの適切なサポートがあれば、若者たちは前に進むことができる」と辻。未來も辻らとつながることで前に進みはじめた若者の一人だ。

夜の街で声をかけつづける

未來はいま、夜の街で性被害を受けた若年女性の支援などの活動をするNPOの「ぱっぷす」のスタッフをしている。未來は、前述したように「制度に殺された」とよく口にする。「制度」とは、行政による児童や若者への支援制度のこと。何かあった時に助ける「制度」であるはずなのに、実際に使おうとすると、使えない。あっても使えない制度に、自分は〝殺された〟のだという。だから、社会とのつながりが途切れてしまっている女性たちの力になりたい、つながりたいと思って活動している。

活動は、夜の街をさまよう女性たちに声をかけ、話を聞き、トラブルへの対処や、本人が望んだ時には支援につなげることだ。まずは、話を聞くこと。それには、性を売らざるをえない状況で生きていたかつての自分の経験が役に立つと思った。

夕闇迫る頃、夜の街に〝出動〟する。街を歩きながら声をかける。お菓子を渡して話しかけ、生きづらさを抱える子には「力になれるかもしれないから、また会って話を聞かせてよ」と〝約束〟する。けれど、〝約束〟は守られないことがほとんどだという。待っても来ない。

「わかるよ。約束守って、約束の場所に行ったら、いないってなったら怖いもんね。守られた約束したことがないから、怖いんだよ」と未來は言う。だから、来なくても待つ。

「誰も信用ならない……って思うよ。だって、警察名乗って話を聞いて、これ事件化されたくなかったらやらせろって（警官が）迫ってくるんだよ。刑法改正されて性被害の対策が強められた日に性被害にあっている子もいるんだよ。『男たちよ……』って思うよ。いつも、被害にあうのは女の子。性被害を受けて、アフターピルが欲しくても、親の同意がないと病院で緊急避妊薬を処方してもらうことすらできない。親に頼れないから、ここにいるのにさ」

怒りの言葉は止まらない。

歌舞伎町の大久保公園周辺はメディアの報道などもあり、少女が体を売る場所として有名になってしまった。そして、女性の数より男の数のほうがはるかに多くなった。一〇代から六〇代まで、男たちが集まる。最も多いのが三〇～四〇代だ。女の子の三～四倍の数の男たちが品定めをしている。アウトリーチ活動中の未來も、「いくら？」とさかんに声をかけられる。未來が〝買われていた〟頃は「イチゴ（一万五〇〇〇円）」が相場だったという。「外国人観光客まで『イチゴー、イチゴー』って言うんだよ。ここは日本かよって思うよ」と未來。でも今は「一万、女の子によっては五〇〇〇円とかになっている」という。日本人の他にコロナで仕事を失ったベトナム人の研修生など外国人が増え、相場が下がっているのだという。どこにも居場所がなく、「家よりはましだから」と夜の街をさまよう少女たち。「女の子たちはさ、真冬でもクロックスのサンダル履いているよ。お金ないからね。そんな寒そうな子たちを男は買うの」。吐き捨てるように言った。

性搾取の泥沼の中で

未來は関東出身。小・中学校ではいじめを経験した。教育熱心な親だったが、家では精神的な虐待や暴力、父からは性虐待も受けた。中学一年生の時、夜中に布団に忍び入ってきた父親に性のはけ口にされた。家は安心できる居場所ではなかった。たくさんのセンサーが張りめぐらされていて、未來が家のなかで動くたびにセンサーが鳴る。何をしているか常に親が把握できるようになっていた。

息苦しさに家出を決行したのは、一四歳の一〇月頃だった。「ここにいたら死ぬ」と思い、雨上がりの午前二時、発作的に家を出た。パジャマのまま、裸足だった。手には、なぜか塾の参考書を持っていた。「親の洗脳かな、勉強さえすればなんとかなると思っていたのかな」と振り返る。だが、参考書でどうにかなるわけもなく、夜中に裸足でうろつく少女を不審に思ったのか、コンビニのアルバイトの女性店員が店の控え室に〝保護〟してくれた。控え室で朝まで過ごすと、店員の女性は児童相談所に連絡した。未來は虐待を訴えたが、親に連絡が行き、保護されず、家に帰らされた。それでも、何度も何度も家出をした。家出が〝成功〟した初めての夜、ビルの非常階段で足を抱えて眠った。不安より、家を出られた安堵のほうが勝った。父親が出勤した後を見計らって家に戻る生活を続けた。

だが、家出の生活はすぐに行きづまる。親の同意の取れない一五の少女に仕事などない。未來を必要としたのは、身体目的の男たちだけだった。初めての客は韓国人の男性だった。二万円もらった。その金で地方の駅のショッピングモールでワンピースやコスメを買った。生きていくためだった。「いま思うとすごくダサいワンピースだった。だけど、自分で稼いだ金で買ったので、満足感はあったかな」と振り返る。その後も、夜の街をさまよった。

一五〜一八歳の間、児童相談所の一時保護所から児童自立支援施設、住み込みの仕事、自立援助ホーム、子どもシェルター、DVシェルターと、たらい回しされるように多くの施設を回った。けれど、施設も居場所ではなかった。未來は「畳の湿った部屋で、使い回しの下着を渡されるような生活」と語った。

そんな生活も一八歳を機に変わる。一八を過ぎると、児童福祉法の保護対象ではなくなるからだ。過去に保護された施設では、「誰ですか？　部外者は来ないでください」とインターホン越しに追い返された。行き場のない彼女が一九歳になって最後に使えた公的支援は、母子生活支援施設の緊急保護だ。ここでは、三カ月で仕事を見つけ、自立した生活へ移行しなければならない。だが、その短期間で自立などできるわけもなく、夜の街に沈んでいく。

その頃、「住む場所と携帯電話を提供する」と言われ、ホストに非合法の風俗ビジネスを紹介された。何の身分証も持たない自分が寝場所とスマホを確保するにはそれしかなかった。住む場所として指定された部屋にいた見ず知らずの男に管理され、体を売ることを強いられた。軟禁に近いような状態だ。しかし、行くあてのない未來にそれを断る選択肢はなかった。ホテル、見知らぬ部屋、ネットカフェ……。あらゆる所で体を売らされた。そして自分を管理する男の部屋で寝る。

未來が一枚の写真を見せた。男の部屋だ。コンビニ弁当の空き箱やペットボトル、スナックの空き袋などが散乱する部屋。そこに半裸で男が寝転んでいる。ゴミだめのようにモノであふれる部屋。けれど、そのなかで未來の荷物は、小さなデイバッグ一個だけだった。

性を売らざるをえない自分の状況を、仕方ないのかと思っていた。それ以外に、住む場所を手に入れることができなかった。そして、嘘でもギュッと抱きしめてくれるホストや、性を買う男。「必要とされている」と思う時もあった。だが、何とかこの生活を抜け出したいと相談先を探した。見つからないまま一年が過ぎようとしたころ、妊娠相談を受ける民間団体の助けを得た。

「いまの場所から一緒に逃げよう」と声をかけてくれ、決断した。団体はシェアハウスを準備してくれていた。シェアハウスに入り、性を売らざるをえない状況から逃れられた。仕事も紹介してくれたが、最初の頃は賃金も低く、生活は大変だった。それでも、体は売らないと決めていた。ダブルワークでしのいだ。

未來は「家があれば、何とかなるんだなとも思った。けれど、やっぱり大事なのは、相談できる人とのつながりを持つことなんだと実感した」と言う。

その頃、親友と呼べる友人が自殺してしまった。歌舞伎町でも有名なホストの彼女だった。彼女はホストを支える生活に疲れたのか、「この街に希望はない」と命を絶った。性搾取されつづけたあげくの死。悲しくて、悲しくて、未來も後追い自殺を試みた。何をどれぐらい飲んだかわからないほど、多量の薬を飲み込んだ。三日間、意識をなくした。目を覚ますと、性被害にあったジャーナリストの伊藤詩織が、被害を告発する記者会見をしている映像が目に飛び込んできた。伊藤さんにたたき起こされた気分だった。

「自分もこのまま死んではいけない。性被害を受けつづけた私が生きていたことを、なかったことにされてしまう」

そんな強い思いがわき、悪夢から覚めるように、生きてみようと思えた。

それから、性搾取、性被害にあった時に「助けて」と言える社会にしたい、「自己責任」ではなく「守られる社会」、加害者の責任がきちんと問われる社会にしたいと強く思い、女性支援のNPOの有給スタッフになった。月二五万円の賃金が支払われた。これまで働いたなかで最高額。というよりも、まともな生活のできる賃金で働くのは初めてだった。

もちろん、彼女がまともな賃金の出る仕事を拒んできたわけではない。前述したように、住所も身分証もないような状況では、どんなに仕事があろうと、正社員のような仕事には就けない。それこそ、辻が取り組むような、身分証明書、住所、初期のサポートなどがあって、初めて仕事探しのスタートラインに立てるのだ。明日を何とかしなければならないという余裕のないなかでは、決して安定した仕事に就けないのが現実だ。

未來は、「うちら、コンビニのアルバイトだってマックのスタッフだってできないよ。トー横とかにたむろする若者は、身分を証明できるもの、何もないからね」と言う。

「人手不足で仕事はいくらでもある」と訳知り顔の人々は言う。「外国人だってみんなコンビニで働いている。甘えるな」と言う人もいる。外国人の彼ら彼女らは劣悪な労働条件で働かされたり、差別されたりひどい目にあっている。でも彼らは留学生であったり研修生であったり、「外国籍の何者か」であることを証明できるから、働ける。けれど、街をさまよう彼ら彼女らにはそれがなく、仕事がないことに「自己責任」の言葉だけが投げつけられるのだ。

「おかえり」「またね」

未來が住居とつながりを提供する辻の活動に惹かれたのは、自身の壮絶な経験からだ。自分もいつか辻のように、居場所のない若者のための「HOME」をつくるのが夢だ。

大阪に来た未來は、辻の少年院でのミーティングに参加した。その帰りの車のなかで、未來はずっと「生物」の教科書を読んでいた。高卒の資格を取ることにチャレンジしているのだという。パンパンに詰まったキャリーバッグには教科書も詰め込まれていた。未來は出会った少年院の若者たちにこんなメッセージを書いていた。

「私は関東で、あなたは関西。場所は離れているけれど、想いは関係ない。今日から私はあなたが社会に戻ってくる日まで待っています。『おかえり』って言いたい。（ミーティングの終わりの）帰り際の『またね』が叶いますように。私が生きられる理由を作ってくれてありがとう。私も東京で、出逢った彼女たちと頑張るよ」

Ｉは少年院で未來に「またね」と言われ、「おかえり」と迎えられた。昔からの友だちのように見えた二人は、実は会うのは二度めだった。こんなつながりが生きることを強くするのか、と思う場面だった。

泊まる場所を確保できないこと、信頼できる人とつながれないことが、この最悪の状況を決定づけている。安心できる場所はどこにもない。これは、少年や少女たちに限らない。二〇歳を過ぎた〝大人〟だって、身分証やスマホがなければ、同じ状況に陥る。

スマホがないとアパートも借りられない

北信越出身の二〇代後半の女性は、上京して派遣社員として働いていた。派遣の仕事で週五日働き、何とか生活していた。仕事は工場の検品作業やコールセンターなど、紹介されるものをいとわずやった。それでも手取りは月に一八万円になれば上出来だった。家賃や通信・光熱費などを払い切ると、自分の使えるお金は月に一〇万円もなかった。

そんな生活が破綻したのは、紹介される派遣の仕事が少なくなる五月の大型連休時だ。家計が厳しくなりはじめた頃、趣味だったK－POPグループの追っかけに使ったカードの支払い時期が重なってしまった。家賃を二カ月滞納した。やがてアパートの管理会社から退去するよう通告が来た。それでもお金は工面できず、持てるだけの荷物をキャリーバッグに詰め込んで家賃を払わず夜逃げした。女性は「何とかなるかと思ったけど、すべて見通しが甘かった」と振り返る。手もとには七万円ほど。家賃二カ月分には五万円足りなかった。

手持ち七万円で、ネットカフェを当面の寝場所にした。スマホが生きていれば派遣の仕事を探せる。派遣のある日はネカフェから仕事に行った。派遣で仕事が紹介されない怖さも知ったので、ガールズバーを副業にした。すでに住所はなかったが、勤めたガールズバーは身元の審査も甘く、住民票提出を求められることもなく、勤めることができた。

午後八時から午前〇時半まで働いた。仕事終わりに常連から飲みに誘われることも多く、午前三時頃ネカフェに帰ることも珍しくなかった。そうなると、朝から派遣の仕事に行くのはつらく、仕事はガールズバーが中心になる。だが、ガールズバーの収入だけでは、引っ越し代金を貯めるまでにはならなかった。個人事業主扱いだから、最低賃金も有給休暇も関係ない。残業代もなく、あるのは欠勤の時の罰金だけ。女性は「私が働いていた店は採用も緩い代わり、扱いもひどかった。苦痛ではなかったが、お金は貯まらなかった」と話す。

いつまでもネカフェを抜け出せない。親に泣きついて再度アパートを借りることも考えたが、アパートの保証人になってもらっていたので、〝夜逃げ〟で迷惑をかけただろうと思い、気まずくて音信不通になっていた。

結果、四年ほどネットカフェで暮らした。その生活さえ破綻したのは、新型コロナウイルスの感染が拡大した頃だ。感染対策として、店はこれまで聞きもしなかった住民票の提出を求めてきたのだ。住居を持たない彼女は進退きわまった。住民票の提出の三日前に「一身上の都合で」として退職を申し出た。店の仲間は、お別れ会を開いてくれた。カスミソウとバラのかわいい花束をもらった。でも、その花束は送別会の帰り道に、コンビニのゴミ箱に捨てた。ネカフェには持って帰れない。花束を捨てた時、泣いている自分に気づいた。

わずかな蓄えを数えながら、ネカフェを使った。金は底をつきかけ、ついにはスマホ代金も払えなくなった。スマホが使えなくなったら派遣の仕事にもアクセスできなくなる。いや、アクセスはできた。コンビニやファストフード店のそばなど無料でＷｉＦｉが使えるスポットに行けば、検索とメールはできた。けれど、うまくいかなかった。

ネカフェを利用するお金もなくなった時、コンビニのそばでネットを検索して、生活保護申請の支援をしているグループにつながった。所持金は一〇〇〇円を切っていた。「このメールでだめなら死ぬつもりでした」と彼女は言った。ギリギリのところで、支援につながった。

彼女は支援グループの給付を受けてネカフェを継続利用し、その間にグループの助言を受けながら住民票を復活させ、ネカフェのある区に住民票を移し、生活保護を申請した。申請は受け付けられたが、アパートを探すのに苦労した。生活保護の範囲で認められる家賃の物件を探すことはできたが、住民票や保証人を揃えて不動産屋に行っても、「スマホがないと部屋を借りることはできない」と言われた。生活保護の利用者への物件探しに長けた店でも、スマホがないと不動産管理会社の了解が出ないのだという。

支援グループによると、スマホなしでも借りられる物件はまれだという。このグループでは、スマホを契約できない人のために通話先件数などを制限したスマホを貸し出している。彼女も支援者のアドバイスでそれを借り、アパート契約にこぎ着けた。それにしても、住民票があってもスマホがなければアパートも借りられない現実には、あらためて慄然とする。

自民党政権下、労働者派遣法が「改正」され、製造業務など派遣労働が際限なく広げられたのは、二〇〇四年のことだ。その頃から派遣労働の不安定さはたびたび指摘されていた。だが、政府や厚生労働省はそのことから目を背けつづけた。二〇〇八年のリーマンショックで雇い止めが横行し、派遣労働者の不安定さは世間に知られるところになった。働くということを、モノを動かすように扱うことが常態化した。それは、ＩＬＯ（国際労働機関）がフィラデルフィア宣言（一九四四年）で確認した、「労働は商品ではない」という考えとは正反対の方向であり、労働の商品化は、若者を、安定した雇用のもとで生活を営む人間という存在から、消費され、使い捨てられる商品へと追いやっている。

移動の車中でもテキストを開いていた未來は、二〇二三年一二月、三度目の挑戦で高等学校卒業程度認定試験（旧大学入学資格検定）に合格した。未來がフェイスブックに報告すると、一〇〇人を超える人々からお祝いのメッセージが届いた。未來はこんなことを書いていた。

「大切な人たちに『受かったよ』と連絡をしました。『受かったよ』と言える人がいる幸せ。喜び」

人とのつながりに希望を見いだした未來の思いがあふれている。人とのつながりこそが、人をモノのように扱う〝労働〟への挑戦になりうることを感じさせる。

第4章 アマゾン宅配労災

——偽装フリーランス

「電話代を払えず、スマホが使えなくなったら、おしまいです」

コロナ禍で生活に困窮する人が増えていた二〇二〇年の年末。東京・新宿区の公園で、労働組合や弁護士、市民グループなどが、食料支援と労働・生活相談を兼ねた「コロナ被害相談村」を開設した。

真っ先に相談の列に並んだ三〇代の男性は、相談ブースに入ると、疲れ切った表情で「そろそろスマホ代がやばいんですよ」と切り出した。食事のデリバリーサービスで働きはじめ、スマホで仕事を探している彼にとって、スマホの停止は生活の停止を意味していた。

電話の切れ目が生活の切れ目

同じような凍える季節に、彼と同じ言葉を聞いたことがある。もう一〇年以上前、年越し派遣村（二〇〇八〜〇九年）で、同じような年格好の男性だった。日々派遣の仕事を紹介されて働く「日雇い派遣」で働いていたが、年末年始に仕事がなくなり、助けを求めて村に来た。携帯を手に、「料金が払えず使えなくなったら仕事が得られない。ジ・エンドなんです」と野宿に陥った経緯を語った。日々の仕事を探す(受ける)携帯電話が止まれば仕事の案内がなくなる。当時はプリペイドカードで使える携帯もあったが、男性はそれを買う金もなくなっていた。

一〇年以上の時を経て、不安定雇用の労働者は同じ台詞を言うのだ。相談村に来た彼の言葉が大げさでないのは、相談に来た人への聞き取り調査からも明らかだ。相談者のうち、電話（スマホ、ガラケー、固定電話）があると答えたのは三五％にすぎなかった。つまり、三人に一人しか使える電話を持っていないのだ。通話はできなくなっているがスマホは持っているという人も、もちろんいた。無料の電波が拾えるところで情報収集のツールに使うからだ。コンビニやカフェの周囲の路上でスマホ操作している人を見かけることはないだろうか。いずれにせよ、通信手段の有無が、仕事の喪失、ひいては住居の喪失と密接に関係していることが、この数字からもわかる。

派遣村当時、携帯電話は日雇い派遣などで仕事を得るための重要なツールだった。現在も日雇い派遣では同様に使われてはいるが、新たに「フリーランサー」と呼ばれ個人請負で働く〝自営業者〟（実質は労働者）がいる。彼ら彼女らもスマホが命の綱だ。冒頭の男性はフリーランサーとしてフードデリバリーやＩＴのシステム構築などをして生活しているという。

男性は、「ＩＴ関係でいい仕事したら恒常的な仕事になるかなと思っているけど、一つの仕事が終わったら〝解散〟みたいな感じで、正社員のような扱いにはならなかった」と事情を話す。そして、「自分らはフリーですが、『ＩＴ土方』なんて言われてますよ」と話した。山谷や釜ヶ崎などの寄せ場で集められた日雇い労働者の現代版だと言うのだ。

彼はプロジェクトやデータの打ち込みなどのＩＴの請負仕事が途切れると、フードデリバリーの仕事で食いつないでいた。だが、収入のタイミングがずれ、手もとの金が底をつく事態に陥った。ＩＴの請負代金（賃金）の先延ばしが原因だ。三カ月かかった仕事で約八〇万円の請負代金の支払いが先延ばしにされたのだ。雇用契約ではないから、労働基準監督署に相談しても埒《らち》が明かない。彼によると、「いちおう、契約書のようなものはあるが、ほとんど口約束に近い」と言う。実際に支払いなどをめぐって揉めると、役には立ちそうにない。フリーは弱い立場なのだ。

出版労連（日本出版労働組合連合会）の副委員長でジャーナリストの北健一は、労働組合でフリーライターの報酬不払いや一方的な報酬の引き下げなどの問題に関わってきた。多い時には年に四〇件近い問題に取り組んだ。不払いや報酬支払いの引き延ばしなどのケースでは、親事業者による優越的地位の濫用を取り締まる下請法などが使えることもある。だが、北は「会社が資本金一〇〇〇万円以下だと対象にならず、孫請けなど小さな会社からの発注では使えないケースが多い」と言う。北らは、組合としての団体交渉、団交を拒否されれば本人訴訟などで解決に当たっている。いくつもの交渉に臨んできた北はこんなことを言った。「資金繰りが苦しいといって支払いを渋る経営者は多いが、そうした人らは、債権者とか税務署とか〝怖い人〟から金を払っていく。フリーランスを甘く見て支払いを後回しにする。だからこそ労働組合に入って交渉することは効果がある」と対抗する術を語る。

だが、労組にもつながっていなかった彼は、不払いをきっかけに家賃を滞納し、ついには住居を失った。

「結局、デリバリーの仕事だけでは、家賃を払い、生活するのは難しかった」

家を失ってからは、ネットカフェを転々とした。

「スマホさえ生きていれば、デリバリーの仕事を取って、なんとかその日その日の食事代とネカフェ代を稼ぐことはできた。けれど、何の展望もない」

彼は、ネカフェのパック料金が上がる年末年始に向けて、少しでも食費を節約しようと食料を受け取りに来た。相談会では、住居をなくしている人には都の用意したホテルを案内していた。彼にも案内したが、「快適な場所にいたら、出る時がつらくなるから」と申し込まなかった。「スマホ代が払えなくなったら相談します」と私の渡した名刺を受け取ると、ネットカフェがあるという池袋へ自転車で帰っていった。その自転車は赤い小さな電動自転車で、デリバリーで働く人がよく乗っている、都のレンタサイクルだ。各地にステーションがあり、月単位で契約すると安く利用できる。ネカフェ暮らしでは、保管場所に苦労するので、自転車を保有することもままならないのだ。

この一〇年、何も変わっていない

別の三〇代の男性は、一週間近く野宿をしていた。もともとは派遣会社の寮に住んで物流の仕事で働いていた。日給は八〇〇〇円。だが、紹介される仕事が少なくなり、寮を出て行くように言われた。毎日仕事の紹介があるわけでもないのに寮費は八万円（朝食代込み）取られた。一年近く働いたが、貯蓄はほとんどできなかった。そんな状況で追い出されたため、住居つきの仕事を探すしかなかった。

上野駅で声をかけられ、千葉県内の解体作業の飯場に入った。飯場代を引いても月に一〇万円にはなると言われたが、コロナの影響で東京オリンピックが延期になったこともあり、仕事は月に四日ぐらいしかなかった。飯場代が〝借金〟のように積み重なることを恐れ、逃げ出した。手もとには三万円ほどしかなく、最初はネットカフェに泊まったが、あっという間に現金が底をついた。その後は、真冬に野宿を強いられた。夜、安売り店で買ったカイロを体中に貼り付けて公園で眠ろうとしたが、寒くて眠れない。仕方ないので、夜通し歩くことにした。少しでも温もりを求め、繁華街を朝になるまで歩き通した。「寝たら死んでしまうから」と。毎晩、命がけだった。朝になったら、公的施設に入って暖を取る。静かで暖かい図書館がベストな休憩所だった。

だが、その〝憩いの場〟も年末年始には閉じてしまう。絶望していた時に、通話できないスマホで相談村のニュースを知った。食事も取らずに残しておいた虎の子の五〇〇〇円のうち、二〇〇〇円を電車代に使い、相談村にたどり着いた。村でもらった弁当が三日ぶりの食事だった。よほど腹をすかせていたのか、彼は立ったまま弁当を食べはじめた。最後の食事は二日前に、五つ一〇〇円の小さなクリームパンだったという。都の用意したホテル利用につなぐと話すと、「やっと夜、眠れるなあ」と顔をほころばせた。ただ、「ホテルは正月明けまでだよ。その後どうする？」と聞くと、「飯場や寮付き派遣はこりごりです。住居を得るため、就労支援か生活保護を申請したい」と言うので、年明けに会うことを約束した。よほど冬の野宿がこたえていたのか、一刻も早くホテルでゆっくりしたいと、余分にもらった弁当を大事そうに抱え、足早に会場を後にした。

相談村には、派遣村でも実行委員を一緒に担った棗《なつめ》一郎弁護士が参加していた。棗弁護士に経緯を話すと、「低賃金の労働者が置かれた状況は、一〇年以上前の派遣村当時と何も変わっていないね。少しでも良く変えたいと思って頑張ってきたつもりだけど……」と悔しそうにつぶやいた。

「フリーランサー」に衣替えした個人請負

働くことの概念が変わりつつあるのか、労働の底が抜けはじめているのか……。

政府が「働き方改革」のなかで広げてきた「雇用によらない働き方」の現場を取材していると、二つの考えが頭に浮かぶ。もちろん、労働の底が抜けるような事態は横行しているのだが、これまでの労働観とは違う考え方が広がっているのを感じずにはいられない。少し乱暴な言い方かもしれないが、働く者たちが「労働者」としていられるのか、正念場を迎えているのではないかと感じている。労働者ではなく〝自営業者〟として労働を切り売りする、そんな時代に立ち入っているように思える。

安倍政権以降、政府は、雇用によらない働き方の拡大に道を開いてきた。背景には、少子高齢化で労働力の減少が懸念されるなか、多様な働き方を導入することで労働参加を促すという事情があった。そんな思惑のなかで「個人の能力を最大限に活用して稼いでほしい」「自由に自らの時間の使い道を決められる働き方」などがアピールされた。個人請負や自営業などは「フリーランサー」に衣替えし、〝新しさ〟が宣伝された。しかし、「好きな時間」「自由に働く」など、労働の〝売り主〟が主導権を握っているような文句の実態とは裏腹な、厳しい現実がそこにはあった。

フリーランサーなど「雇用によらない働き方」とは、労働者として企業と労働契約を結んで働くのではなく、自営業者として企業と業務請負契約を結んで働くことだ。その意味で言えば、働く時間の主導権を自分が握っているというのは嘘ではないかもしれない。いつ、何時間働くかは、自分で決めることができるという立て付けだ。

雇用によらない働き方は、昔からあった。大工の一人親方などがまさしくそれだ。その他にも、週刊誌などの原稿を請け負うフリーライターやフリーカメラマンなどがいる。最近ではコンピュータのプログラミングやデータ処理を個人で請け負うフリープログラマーなどが知られる。俳優やプロ野球選手なども、大きなくくりではこの範疇だ。共通点は、何かしらの技能を持っていることだ。文章を書く能力であったり、写真を撮る技術であったり、大工仕事の技能などだ。

だが、特定の技能や技術を持たなくともできる仕事にこの働き方が広がっている。本来、労働基準法で守られ、労働契約のもとで働くべき人々が〝自営業〟に駆り立てられている。労働者の権利を持たないまま、技能ではなく自分の時間を切り売りしているように見える。

そうした働き方の象徴としてよく取り上げられるのが、スマホを活用した飲食宅配代行サービス「ウーバーイーツ」や、アプリに管理されながらネット販売大手のアマゾンの商品配達を行なう人々だ。フリーランサーの代名詞のように伝えられるが、実際は、経理の仕事や総務の仕事など、さまざまな分野で個人請負化が進んでいる。企業のなかには、いったん正社員で採用して、仕事を覚えたら雇用契約から個人請負に契約を切り替えるというところまで出現している。

こうした会社は「請負契約になっても受け取る額はこれまでと変わらず、働く人の可能性を広げる取り組みだ」などとアピールする。しかし、健康関連会社で同様の仕組みに遭遇した女性は、「請負契約は一年更新で不安定だし、同じ取り分と言ってもこちらは年金や健康保険など負担が増える。会社が人を雇うという責任を放棄したとしか思えなかった」と話す。この女性はこの制度を選ばなかったというが、静かに広く個人請負が広がっている。

配達料金の一方的な切り下げ

話をウーバーに戻そう。新型コロナウイルスの感染拡大が始まる一年ほど前、新潟県での支局長勤務を終え東京に戻ると、葛籠《つづら》のような四角いリュックを背負い、自転車などで駆け抜ける若者の姿が目についた。路上で停まっている彼らは、たいていスマホを凝視していた。画面上で配達先を探しているのか、あるいは新しい仕事が表示されるのを待っているのか、ともかくスマホから目を離さない。ある日、意を決して声をかけ、取材を申し込むと、「少し休もうとしたところだから、いいですよ」と二五歳の男性が応じてくれた。

彼は、スマホで登録するだけという簡単なシステムだったことから、気軽に働きはじめた。すると、意外に稼げる仕事だった。面倒な人間関係もなく、好きな時に仕事ができたため、気に入って一年近く働いている。以前は大学卒業後、不動産会社の営業職で働いていた。正社員だったが、体育会的な上下関係の厳しさとノルマに追われる仕事に苦しんだ。毎月、締めの月末が来るのが恐怖だった。営業成績がグラフ化されて社員に示される。「深い谷があるなあ」。先輩の間に挟まれた自分の数字だけ、深くへこんでいる。そんな言葉を聞くたびに、背中に冷や汗が流れる。「少しでも底上げしろよ」と、上司は見込みのある客への〝残業〟を強要した。「自分のペースで働きたい」との思いが強まっていた時にウーバーを知った。彼は「営業みたいに無駄な努力をしなくてよい。やったことが結果になる」と話す。週五日、みっちり働けば、月収三〇万円に届くこともあった。体を動かすことさえ苦にならなければもっと稼ぐことも可能と思い、会社を辞めた。

だが、しだいに収入は低下する。ウーバーで働く人が増え、仕事が取りづらくなった。加えて、配達して得られる料金が運営会社から一方的に下げられた。収入が不安定になると、この働き方のアラが見えてきた。最初は良いものに見えた仕事が、実は不安定なものだと気づいていく経過が、かつて取材した日雇い派遣で働いていた若者たちの姿と似て見えた。

彼に日雇い派遣との類似点を話した。すると、「(日雇い派遣は)最後はどうなったんですか」と聞いた。「みんなではないけれど、不安定な雇用と収入の減少で家賃を維持できなくなり、ネットカフェ難民になった人もいた」と正直に告げた。一瞬、顔をしかめたが、深くうなずいた。「わかります。自分もいまの収入でいつまでアパートの家賃が払えるか不安です」と打ち明けた。そして、「最低、スマホと自転車があればその日のお金は入ってくるんです。だから、不安があってもズルズルと続けてしまう」と話した。

彼をより不安にさせたのは、前述の配達料金の一方的な値下げ通告だった。当時、ウーバーイーツは、東京、千葉、埼玉で働く配達員の基本報酬を引き下げた。店から商品を受け取った時の「受け取り料」を三〇〇円から二六五円に、注文者に商品を渡した時の「受け渡し料」を一七〇円から一二五円に、飲食店から配達先までの距離に応じて受け取る「距離報酬」も一キロメートルあたり一五〇円から六〇円に下げた。この報酬引き下げを、会社はメールで配達員に通知した。これだけ大きな〝労働条件の変更〟なのに、だ。もっとも彼らは自営業者なので、労働条件ではなく、〝契約内容〟の変更だ。乱暴な言い方をすれば「これで嫌なら辞めて」ということだ。この一方的な関係を、ある労組幹部は「大企業と中小企業の関係」と断じた。円高や円安に一喜一憂し、円高となれば、「協力金」名目で一方的に大企業から下請け代金の値引きを要求される経験をしてきた幹部には、そんなふうに見えるのだ。

実際、労働者ならば、大幅な賃下げという労働条件の不利益変更を、同意なしにされることはない。だが、ウーバーの彼らは、一通のメールで一方的にやられたのだ。労働者として保護されない彼らはそういう扱いを受ける。「嫌なら契約しなければよい」と、契約の自由が優先される世界で〝働く〟のだ。

配達料の値下げ後、彼に連絡を取った。彼は「今回の値下げはひどい。自分の収入も二割以上減るのかな」と不満を漏らした。だが、こんなことも言った。「会社も自分たちの取り分である手数料を三割から一割に減らしている。配達員にだけ損を押しつけているわけじゃない。事業を成り立たせるには仕方ない」

会社の言い分に理解を示した。そして、引き下げに反対してウーバーで働く人たちが結成した労組について、「組合の行動で会社がダメージを受けたら、僕らの取り分が減る」と批判した。筆者は彼を労働者として話を聞いてきたが、彼は自身のことを労働者とは思っていないのかもしれない。経営者として自分の時間をいかに切り売りするかを考えているように見えた。

彼はウーバーの配達だけで生活する「専業」だが、「副業」としてウーバーで働く人もいる。政府は「一つの会社に縛られず、個々の才能を発揮」などとして、副業の自由化も推し進めてきた。都内のＩＴ関連の企業で正社員で働く男性（二九）は、副業としてウーバーの仕事を始めて一年になる。月に得るウーバーの収入は二〜七万円だ。「金額の差はやる気の差。やる、やらないも含めて、自分の判断でできるのがいい」という。だが、彼はウーバー「専業」で働く人を「リスキーすぎる」と見る。物を運ぶ仕事でありながら、ケガや事故に対する補償が何もないのだ。労災保険の代わりに民間保険に加入する手もあるが、保険代がバカにならない。そのリスクをわかっていながら、彼は副業にした。ちょっと空いた一時間、二時間をお金に換えることに腐心しているように見える。それは、生活を支える賃金が十分ではないことの裏返しだ。

内閣官房による二〇二〇年のフリーランス実態調査（ネットを通じた調査でフリーランス九三九二人が回答）によれば、主たる収入がフリーランスでの収入とする人に直近一年の年収を尋ねた質問に、年収二〇〇万以上三〇〇万未満が一九％と最多、ワーキングプア（働く貧困層）と言われる年収二〇〇万未満は三二％（一〇〇万円未満の一六％と合計）、三〇〇万以上四〇〇万未満が一六％、四〇〇万以上五〇〇万未満が一二％——などだった。年収が五〇〇万以上のフリーランサーは二四％にとどまった。フリーランサーの三人に一人がワーキングプアである。労働組合の連合が行なったネット調査でも、フリーランサーの四八・二％が、収入の低さや不安定さに不安を感じている。

時間を切り売りするような労働契約が広がっている。「空いてる時間にアルバイト」「面接なしに働けます」などのＣＭを見たことがある人は多いと思う。人材会社が運営するアプリを介して仕事と人をマッチングする仕組みだ。人が足りない数時間を埋めたい事業主と、ぽっかり空いた時間をお金に換えたい労働者を結びつける。働くことが商品として扱われているようにしか見えない。それは、人材会社のＣＭに象徴的だ。そのＣＭは、バイト代を上げるのは人材会社の仕事だとアピールする。労働者が経営者と交渉して引き上げるのではないのだ。個人請負にせよ、マッチングで働くにせよ、「労働は商品」という考え方がいつの間にか社会に深く、広く浸透しているように感じられてならない。

アマゾン配送労災

「労働者が人間らしく働きつづけられる労働環境の実現を求める」

インターネット通販大手アマゾンジャパンの商品配達を委託された神奈川県在住の個人事業主の男性（六五）が、配達中のケガについて横須賀労働基準監督署から労働災害認定を受けた。二〇二三年一〇月四日に、男性と弁護団が東京・霞が関の厚生労働省で記者会見して明らかにした。配達業務の個人請負事業主が労災認定を受けたのは初めてと見られる。労災の認定とはすなわち、男性が個人事業主ではなく労働者であると認定されたことに等しい。ここ数年、「労働者でしかありえない」と指摘される個人請負の働き方が問題になっていたが、一気に労働者と認められた。当事者はもとより、会見場に集まった名うての労働弁護士たちも上気した顔で、冒頭の見解に力を込めた。

それでは、労災と認められた〝個人請負〟の男性はどんな働き方をしていたのか。

「五〇日間の休業補償（労災）が認められました」

労災が認定された二〇二三年の九月末、神奈川県横須賀市で開かれた「アマゾン配達員労働組合（アマ配労組）横須賀支部」の会合で、男性が晴れやかな表情でそう報告すると、労組の仲間たちの拍手が広がった。温かい拍手に男性は染み入るような喜びを感じ、「泣き寝入りせずに闘ってよかった」と噛みしめた。

この男性や労組、また、横須賀労基署に提出された代理人弁護士の意見書によると、男性はアマゾンジャパン合同会社が横須賀地域への商品配送を委託している「若葉ネットワーク」が運営する配送センターの三春センターに所属し、配送業務を行なう配達員だ。男性は若葉ネットワークと配送業務の委託契約を結んで、二〇一九年二月から働いている。つまり、契約上は、アマゾンの委託した運送会社と配送業務の個人請負契約を結び、働いている。

事故が起こったのは、二〇二二年九月の午後七時四五分頃。一日の業務も終わりにさしかかり、疲労がピークに達する時間帯だ。注文のあった商品を注文者のポストに投函しようとしたところ、一五段あった階段の最上部のスロープで左足をすべらせてバランスを崩し、右足も投げ出す形で転落した。転落の強い衝撃で男性は五分ほどその場で気絶した。横須賀市の救急医療センターに搬送され、腰椎《ようつい》圧迫骨折で全治二〜三カ月の重傷と診断された。そして、約二カ月間、仕事を休まざるをえなくなった。男性は「配送する荷物の量が増えて疲弊していた。いつも、『これで事故やケガをしたらどうなるのか』と不安だった」と話す。

不安は的中した。というのも、「個人請負」で働く男性は、仕事の最中にケガをしても、雇用契約のある労働者ではないので、労災保険は適用されない。治療費も出なければ、休業補償も受けられない。「個人請負はケガも弁当も自分持ち」と言われるゆえんだ。

しかし、本当に男性は労働者ではないのか、働き方をくわしく見てみる。

男性の個人請負の契約内容は、ころころと変わっている。男性は「契約しているのは下請けの会社とだが、アマゾンの意向で内容が変わったのは明らか」と断言する。二〇一九年に働きはじめた当初、男性の日給は一万七〇〇〇円（研修期間は一万五〇〇〇円）で、男性は「一日一〇〇〜一四〇個の配送と説明された。『一四〇は多すぎる』と言ったが、一〇〇前後ならまあいいかと思った」と言う。だが、同じ二〇一九年の九月度には荷物一個一六八円（後に一個二〇〇円まで上昇）と日給制から歩合制に変更された。その後、二〇二〇年七月度からは再び日給制（二〇二二年度六月からは日給一万八〇〇〇円）へと変更された。歩合制ならば、まだ個人事業主として、早く配達するルートなど独自のやり方で収益を上げることもあるとは考えられるが、日給制では工夫のしようがあるのかと思う。工夫しようがなければ、個人事業主としてやる意味があるのか疑問だ。

男性が同社で配送を始めた頃は、若葉が経験的に地域を定めた「地割り」にもとづいた固定の配達コースが複数あり、配送員が受け持つコースはあらかじめ決まっていることが多かった。配達量は坂道の多いコースで一日八〇個程度、宅地では多い時でも一四〇個程度だったという。

そうしたいわば伝統的な手法は、二〇二〇年一月以降、「ラビット」と呼ばれるアマゾンが開発したアプリが導入され、一変する。アプリを配達員のスマホにインストールさせ、それを通して業務を割り当て、仕事の進捗を報告させて管理するようになった。

さらに二〇二一年六月には、配送員が「AI」と呼ぶ、アマゾンが開発したアルゴリズムを用いて配送コースを「最適化」し、配達員に業務を割り当てるシステムの運用が開始された。「AI」導入後は、前述した配送コースの固定はなくなり、配達員は仕事の当日にセンターに出勤して、アプリを起動して初めて配送コースを把握するのだという。「AI」の導入で配達員一人あたりの荷物量は、それまでの一日一〇〇〜一二〇個程度が、おおむね一六〇〜二二〇個に激増した。

ＡＩの導入で配送数が激増

このころ筆者は、横須賀の男性とは別の、東京都内で働く個人請負のドライバーと交渉して、配達車に同乗させてもらったことがある。「作業開始から終わりまでの一日に密着したい」とお願いすると、「無理だね」と断られた。取材に協力的だったのにどうしてだろうと理由を尋ねると、「配達開始の時は助手席にも荷物が詰んであるからさ、人を乗せるスペースがないんだよ。一時間ぐらいして、助手席の荷物が片づいたら乗せてあげるよ」と苦笑いした。そして、「ほら、こんな感じなんだよ」と自分のワゴン車を撮影した三枚の写真を見せてくれた。写真はワゴン車の後ろの扉を開けたカット、助手席側を撮ったカット、正面から車を撮ったカットで、どの写真も荷物でパンパンに埋まったすさまじいものだった。「こんな状況じゃ、後ろはまともに見られないんじゃないですか」と尋ねると、「そうなんだよ。『ＡＩ』が入ってから荷物が増えて、よく車をこするようになった。自前の車は傷でボロボロだよ」と嘆いた。

彼も、それまで一〇〇個程度だった荷物が『ＡＩ』の導入後に倍近くまで増えたという。「配達が効率化しても、荷物が倍に増えたら何のありがたみもないよ。ＡＩは欧米のデータをもとに設計してあるのかな、日本の車や道路事情とは合ってない」と愚痴を言った。

これが荷物一個いくらという歩合ならば、忙しくても収入は上がるだろうが、前述したように歩合から日給制へと変更されている。労災にあった男性は「個人事業主である意味がない。自分の努力や才覚を活かしようがない。個人請負を偽装しているだけだ」と吐き捨てた。

しかも、個人請負なのに、管理は社員以上に厳しそうだ。アマゾンと若葉は、アプリとGPSで配達員の所在を常に把握し、配達員にも荷物ごとに配達完了・未了の進捗を報告させて業務管理しているという。作業能率も、担当した荷物を当日中に配達完了できた割合や、初回の訪問で配達完了できた割合などさまざまな指標を把握し、達成度が評価され、達成度が悪ければ注意や警告、アカウント停止（解雇）とされる場合もあるのだという。

一挙手一投足が管理された労働

「AI」が導入された二〇二一年六月以降の男性の一日はこんな感じだ。

午前八時までにセンターに出勤し、専用のスキャナーで自分の固有ID、出勤処理のバーコードを読み取る。スキャナーによる読み取りは、「(荷物の)積み込み開始」「出庫」「帰庫一時戻り」など、一歩動くごとに読み取り処理を行なう。それで労務管理をされているのだ。「出勤処理」を行なってアプリを起動すると、地図上に配達先がピンで示され、初めてその日の大まかな配送のルートを知る。その後、仕分けされた荷物の山から指示された荷物を探し出してバーコードを読み取る「集荷作業」をして、午前九時頃から「出庫」し、配送業務を行なう。

配送はルートに従い、報告しながら行なわれ、正午頃からセンターに戻ってくる。男性は「荷物が多い時は昼食を取ることもままならない」という。午後便の集荷作業などを行ない、午後三時半から午後九時頃まで午後便の配達作業を行なう。男性が事故にあったのは、午後九時頃の「帰庫」の約一時間前ということになる。

帰庫した後も、不在だった荷物の「荷降ろし」、未配送の荷物の引き継ぎなどを行なった後に、「休憩」「退勤」のバーコードを読み取る。休憩は実際に取れた、取れないに関係なく、バーコードを読み取ることで一時間の休憩を取ったことになるのだという。これで終わりではなく、この後、出勤時刻などを書いた「業務日報」を作成、提出して業務終了だ。これは労災事故にあった頃の働き方を記したもので、その後、作業手順はたびたび変わったという。だが、基本的にはさまざまな指示や管理をされて働いていることに大きな違いはない。

細かく記すと読むのも疲れるほど、さまざまな業務と作業の指示があることに驚く。これは、まさしく、英国の名匠ケン・ローチ監督が映画『家族を想うとき』(二〇一九年公開)で描いた、個人請負で働く宅配ドライバーの働き方そのものである。過酷な現場で時間に追われて働くなかで、家族の幸せを思って働きながらも、離れていく家族の心……。男性も同じような心境を口にした。

「ケガをしたり事故にあったりしたら、補償もなく家族を巻き込んでしまう。個人請負とも言えぬ働き方を強いるのは、人を人と思っていないからなのだろう」

偽装フリーランスへの厳しい視線

ここまで読んでいただいたら、男性が労働者か個人事業主かは、労働基準監督署でなくとも明確だとは思うが、労働基準法上の労働者の判断基準をもとに考えたい。

一九八五年に労働基準法研究会が作成した報告によれば、その判断基準は、①仕事の依頼、指示に対する諾否の自由があるか、②業務遂行上の指揮監督の有無、③拘束性の有無、④代替性の有無、⑤報酬の労務対償性──などだ。硬い言葉が並ぶが、仕事を受けたり断ったりする自由があって、指揮監督を受けずに、縛られずに働けるかなどが判断の分かれ目になると考えられる。

それらを考えてみると、アマゾンの配送に従事するときには、当日朝まで配送量やルートを知らない状態であるため、やるもやらないも言いようがない。さらに、配送ルート、荷物の状況の報告などさまざまな指揮監督がされており、自由な配達などできない。センターへの出勤や帰庫、配送時間の管理など時間的、場所的な拘束も受けている。男性らは自営業者ではなく労働者であるという判断が出たのは当然だろう。

ちなみに、ここで紹介した男性らは配達用の軽貨物車を所有している。それをもって「仕事に必要な道具（車）を所有しているから自営業者だ」という人もいる。しかし、道具を持ち込んでいるか否かは雇用関係の判断とは関係がない。ここでの例で言えば、本来は会社側が準備すべき設備を労働者側に用意させていると見ることもできる。車を持ち込んでガソリン代まで負担しての日給額と考えれば、低賃金の労働者にほかならない。

労災認定の判断は横須賀労基署のものではあるが、社会的に大きな影響のある判断をする場合は本省（厚生労働省）に相談、判断をあおぐのが通常で、一労基署が跳ね上がった判断をしたわけではない。配送に「個人請負」で働く人の労働者性を厚労省が肯定した判断と見るべきだ。「偽装フリーランス」とも言えるような状況に対し、契約上の形式にこだわらず、労基法上の労働者であると判断されたことの意味は大きい。労災のみならず、労働時間規制や有給休暇、休憩の保障、残業代を含む労基法上の権利行使に道を開いたと言えるのではないか。

労働は商品ではない

今回、労災認定を受けた男性は、工業高校を卒業すると、日産自動車に入社して機械加工の仕事を担ってきた。日産には三〇年近く勤めたが、経営危機に陥って「コストカッター」の異名をとるカルロス・ゴーンが経営に加わるようになると、人員削減が優先事項とされ、ギスギスした会社になった。人を軽んじる雰囲気に嫌気がさして、早期退職を選択した。

だが、次の仕事がなかなか見つからなかったり、仕事が合わなかったりして、一つの仕事に定着できなかった。スーパーの商品配送など配送の仕事を転々としているうちに、いつの間にか、個人請負で配送をするようになっていた。当初、そのことに気づかず、労働者として働いているつもりだった。だが、大手運輸会社の物流で働いている時、正社員は会社から車を与えられ、商品が配り切れなくとも会社に戻れるのだが、自分は車を持ち込み、請け負った品の配送が終わるまでは長時間だろうが働いていた。同じ仕事をしているのに、なぜこんなに違うのか。福利厚生がないどころか、社員が使うトイレを自分たちが使えないことにショックを受けた。そこから、個人請負であることを意識せざるをえなくなった。

アマゾンの仕事をするようになり、個人請負とは何なのかと再び考えた。個人請負のメリットは何もない。得るのはやりがいでも高給でもなく、リスクだけだ。労働者として扱われない。

「ケガで二カ月、仕事ができなくて、自分は年金も出ていたので何とかしのげたが、そうでない仲間はどうやって生きていくのか」

黙ってはいられず、立ち上がった。泣いている個人請負で働く人が全国にいると思うと、胸が締めつけられる。

三〇年近く、日本有数の大企業で働いた。

「辞めた会社だが、日産には、会社にも労働組合にも、社会人として人を育てるという意識はあった。それは日産だけではなく、多くの日本企業がそうした気持ちであり、それが会社なり、日本なりの力になったのだと思う」

それだけに、現状を見る目は辛辣だ。

「いまの企業は、外資も日本の企業も、将来を見ていない、いまだけだ。いまだけ、いくら儲けるかだけ。個人の能力を活かすためにフリーランサーという働き方があるんじゃない。そこに希望はない」

「自由」や「手軽」を売りにする雇用によらない働き方は、働く者の労働への意識も変えつつあるが、その裏側は危うさに満ちている。六五〜七〇歳の雇用確保措置にこの働き方を盛り込んだ高年齢者雇用安定法の改正案も議論になっている。この働き方を一般化しようという圧力はますます高まってくるだろう。

だからこそ、「労働は商品ではない」としたＩＬＯのフィラデルフィア宣言を、いま一度噛みしめたい。働く者の尊厳はそこにある。

第5章——無期転換の嘆き

「（東京都の）最低賃金が一一一三円に上がったといっても、（定時から労働時間を短縮される）〝早上がり〟をやらされたら、上がった分なんて簡単に吹っ飛んでしまう」

二〇二三年一〇月三一日、東京都北区の区民施設で労働組合の学習会が催された。二〇二四年春闘を、非正規労働者の労働条件改善を強く求める春闘にしようという趣旨のその学習会で、閉会の挨拶をしたのが、北区の労組の連合組織、北区労連の事務局長、川邉隆（五六）だ。淡々とした語り口ながら、青い炎のような怒りがにじんでいた。

実は、語られたのは川邉自身の職場の話だ。

川邉は組合役員だが、生活費をまかなう賃金が支払われる専従スタッフではなく、いくばくかの活動費の支給があるにすぎない、いわゆる「半専従」だ。メインとなる収入は職場の仕事で、組合活動はダブルワークのようなものだ。その他にも川邉は、区労連の仕事がない日は、本職を終えると派遣会社から派遣される倉庫で働く。いわば三つの〝仕事〟をかけもちしているようなものだ。

川邉が働くのは、北区にある出版物の大手取次会社の倉庫だ。その会社から作業を請け負う会社で二〇年近く働いている。雇用期間の定めがある有期雇用の非正規社員として契約更新を重ねて働いてきたが、二〇一九年に無期転換ルールを利用して有期契約から無期契約に転じている。

無期転換ルールの導入

いまでは広く知られるようになった無期転換ルールは、二〇一二年に成立した改正労働契約法によって導入され、翌年四月に施行された。契約社員やパートなど期間の限られた有期雇用の労働者が、同じ会社で契約更新を繰り返し、その期間が五年を過ぎると、期間の定めのない無期雇用への転換を会社に申し込むことができ、申し込みがあったら会社はこれを拒否できない、というルールだ。有期雇用の労働者、つまり非正規労働者は、契約期間が終わったら、続けて働くことを希望しても雇い止めにされるおそれが常にあり、不安定な立場に置かれている。その雇用を安定させようと導入されたルールである。

筆者は、制度の導入をめぐって厚労省の労働政策審議会で議論が行なわれている様子を、労働担当記者として取材を続けてきた。この制度を導入した動機には、序章で紹介した「新時代の『日本的経営』」の発表以降、増えつづけてきた非正規労働者への対応を迫られた事情が色濃くあった。派遣労働をめぐっては日雇い派遣や製造業務派遣での労働者の〝使い捨て〟問題が、二〇〇八年の「年越し派遣村」以降、クローズアップされた。同様に、不安定雇用の増大がワーキングプアをつくったとの指摘を受けとめる必要もあった。

審議会の議論では、雇用の安定の必要性に多くの委員が理解を示しつつも、経営側は無期転換制度を受け入れることに抵抗を示した。あからさまには言わないが、人件費削減のために正社員を減らしてきた意味がなくなるということが、その理由だった。経営側の抵抗に、厚労官僚は一つのアイディアを考えた。厚労省が作成した無期転換制度を説明する「無期転換ルールQ&A」には、こんなことが書かれている。「無期転換後の労働条件は、有期労働契約時と同一であることを原則とするが、変更も可能である」。

変な文章である。要するに、「無期転換しても、賃金など労働条件は有期雇用の時と同じでいいんですよ」とのお墨つきだ。「ただし、別段の定めがあれば変更も可能」と書いている。労働条件を上げる必要はないが、上げたかったらそれでもかまいませんよ、ということだ。

繰り返すが、原則は非正規の時と同一の条件だとしているのだ。これならば人件費の増加を心配する企業も飲んでくれるだろうとのアイディアだ。それでも反対の姿勢を示す経営者もいたが、最大の懸念はなくなったとして最終的に経営側はうなずいた。

しかし、考えてみれば、失礼な話だ。正規と非正規の賃金格差は大きく、だからこそ生活も困窮し、働く人々の不満は大きい。それなのに、そこは変えずともよいというのだ。審議会のメンバーでもあった著名な労働法の学者に、「非正規を納得させる解決になるのか」と聞くと、その学者は、「君は非正規の心情を理解していない。非正規は何よりも雇用の安定を望んでいるのだ。制度はそれに資するものだ。待遇は安定した雇用を獲得してから、変えればよいだろう。何のために労働組合があるんだね」と胸を張った。残念なことに、こうした考えは、労働者寄りの姿勢で発言してきた学者たちでも大差はなかった。

雇用の安定を何より重視するという理屈はわかる。ただ、それでは、低賃金で一生使われることになってしまうのではないか。賃金格差に長年悔しい思いをしてきた非正規労働者が、「待遇はそのままでよい」などとされることに納得するとはどうしても思えなかった。だが、審議会の議論はそうした方向に流れていった。

低賃金の奴隷のままでいろというのか

案の定、労働者からは不安視する声があふれていた。二〇一〇年に取材した労働者のメモが今も手もとにある。

貿易会社で八年間、有期雇用で書類作成をしていた女性（三九歳）は、商業英語も自分で覚えるなどして、会社が作成する書類の半分は彼女が関わっていた。だが、同じ業務をする正社員の女性と自分では賃金が一・五倍も違った。そのため女性は無期転換に期待していた。しかし、「待遇は有期の時と同じでよい」という結論を聞いて、怒りをあらわにした。

彼女は、「無期転換を前に雇い止めにされないかと心配していたが、それを乗り越えたとしても、処遇が変わらないのでは、何の意味もない。非正規差別は残りつづける。私たちに低賃金の奴隷でいつづけろというのか」と、机を叩いた。当時、地下鉄大手町駅の地下街にあるカフェで話を聞いていたが、彼女のあまりの怒りように店中の視線が集まったほどだった。彼女は五年を待つことなく、会社にも、労働者として働くことにも見切りをつけた。だが、彼女の予言のような言葉は半ば現実のものになっていく。

この時の無期転換ルールの導入が、どのように使われていったか、もう少し触れたい。

このころ急に使われるようになったフレーズに、「多様な働き方」という言葉がある。経済界ばかりか、労働組合の側でもこの言葉を好んで使う組織は多い。もちろん、働き方は多様であってかまわないし、尊重されるべきだと思う。だが、このころ、多様な働き方として喧伝されたのは、高いスキルを売りにした「職務限定社員」や、異動のない「勤務地限定（地域限定）社員」、そして、短時間で働く「時間限定（短時間）社員」などの言葉だ。これら「多様な働き方」の社員の上には基幹社員としての「正社員」があり、「多様な働き方の社員」の下には「無期転換社員」が、そして、さらにその下には無期に転換されない「有期（非正規）」が広がっている。

ある大学の労働経済学の教授がそれを図式化して見せてくれた。思わず笑ってしまった。何のことはない、「新時代の日本的経営」の示した雇用のポートフォリオ、そのままなのだ。「新時代の日本的経営」の反省から無期転換ルールが企図された面は確かにあるが、その実、「新時代の日本的経営」を補強する形になっているのだ。

低賃金が温存された職場

川邉に話を戻そう。

いまは無期転換されて働いているが、もともとは二〇〇二年に、有期雇用の契約社員として川邉は働きはじめた。東京・文京区生まれの文京区育ち。一九八六年に高校を卒業すると、同区で親が営んでいた製本会社を手伝いはじめた。いずれは会社を継ぐつもりだった。会社といっても家内制手工業だったが、自身が本好きであり、家族で気がねなく働ける仕事を気に入っていた。

ところが、一九九〇年代にバブル経済がはじけると、実家の製本会社の経営もどんどん苦しくなっていった。別にバブル期に調子に乗って過大な投資に走ったわけではない。むしろバブルに浮かれることなく堅実に仕事をしてきた。しかし、バブル崩壊のしわ寄せは真っ先に中小企業に押し寄せた。経済が縮小するなか、大企業は徹底した工賃削減を進め、利益確保に走った。製本の単価がどんどん下げられ、利益が上がらない。そして、作業の機械化が進んだ。両親と川邉の三人で作業していた、印刷された紙を折りページごとに重ねていく「丁合い」は仕事が少なくなり、家族経営ですら立ち行かなくなった。そこで、家族のなかで一番若い川邉が取次会社で働くことになった。同じ本を扱う業界でもあり、川邉に「出向みたいなもんですか」

という。

と尋ねると、即座に「いや、出稼ぎでしょう」と答えた。稼ぎのほとんどを家計に入れていた

川邉の言う「出稼ぎ」。家計を助けるため、家の仕事を半分、取次の仕事が半分の〝ダブルワーク〟だ。川邉によると、いまでこそ賃金は東京都の最低賃金と同額だが、当時は最賃よりだいぶ高かったという。川邉は当時の賃金事情をこんなふうに言う。

「当時は、同じ仕事をしていても、男性と女性の非正規では賃金に違いがあり、男性のほうが高かった」

どういう理由だったかは覚えていないが、時給には明確な差があったという。いまなら、いや当時でも、性別による賃金差別は許されないのだが、そんな風土の会社だった。その賃金はいま、男女とも同額だ。会社が心を入れ替えたのかといえば、そうではないと言う。

「男の賃金は、その頃からぜんぜん上がらなくなった。そのうち、最低賃金に追いつかれてしまい、いまは最賃と同額。だから、女性の賃金も同じになったんですよ」

男性の賃金を上げないままでいたら、最低賃金と同額になった。その段階でも男女の賃金格差を温存しようとすれば、女性の賃金は最賃を割り込んでしまう。それは明確な違法となってしまうから、女性だけ賃金が上げられたのだ。

川邉は、午前九時から午後四時まで取次の倉庫で働く。場所は一階。常に書籍を運ぶトラックが出入りするため、シャッターは開きっぱなし。そのため、夏は酷暑、冬は極寒の作業環境

だ。担当は新書やコミック、ペーパーバックなど。それらが入庫すると、決まった棚に配置し、書店から注文が入るとその本をピックアップして発送するというのが一連の流れだ。働きはじめた二〇〇〇年代前半は扱う書籍の量もいまよりずっと多く、仕事は山のようにあった。家業の製本も手伝わなくてはならず、残業はしなかったので、手取りは一〇万円前後だった。それでも、家業だけでは生活が立ち行かない一家にとって、重要な収入だった。

「早上がり」――必要なときに必要なだけ労働者を使う

二〇一〇年に父が病に倒れたことをきっかけに、家業の製本会社はたたむことになった。川邉は、取次会社だけで働く「専業」になった。残業をいとわず働けば、手取りで月二四万円ほどになった。

川邉は、「労働時間は、〝大残業〟と呼ばれる長時間労働が重なると、月に一〇〇時間近い残業をすることもあった。体は大変だったが、それでも収入は悪くなかった」と振り返る。

そんな仕事の風向きが変わってきたのが、無期転換を控えた二〇一八年頃からだ。川邉は、無期転換制度の導入をきっかけに、労働組合に加入した。職場の非正規仲間が労働組合を立ち上げ、誘われたのだ。「無期に転換すれば、契約更新されるかどうかにおびえずに働ける」との勧誘は、いまや倉庫での仕事が専業になった川邉には魅力だった。また、社会保険に加入できるのもありがたかった。非正規の労組は集団で無期転換を申請しようと職場の仲間に呼びかけた。休憩時間や終業後、仲間を組合に誘った。会社側は組合結成の動きを察知すると、例年より早く有期雇用の契約書を配りはじめた。早いところ有期契約を出させて無期転換の申請を引き延ばそうとしたのだろう。これに対して労働組合側はビラなどで無期転換を呼びかけ、組合主導で約三〇人の集団で申請することができた。

川邉の職場では約三〇〇人が非正規労働者として働いている。割合からしたら一握りではあるが、個別に申請したら会社から妨害を受けていたかもしれず、仲間を集めたことは力になった。一方で川邉は、この問題に非正規当事者があまり関心を持っていないようにも見え、それがなぜなのかわからずにいた。

ともあれ、無期転換はこれといったトラブルもなく達成された。だが、前述したように、この頃から仕事をめぐる状況が変わってきた。以前なら「できるかぎり残業して」と言われるぐらい仕事があり、収入にもつながったのだが、出版不況のもとで仕事量が減ってきた。

川邉の場合、働く時間は当初、午前八時~午後四時になっていた。それがまず午前九時~午後四時と一時間短くなった。そして、仕事が少ない時などは定時前に帰されることも多くなった。これは「早上がり」と呼ばれた。少ない収入をカバーするための残業どころか、定時で働くことも難しくなったのだ。週休二日で、定時通り働けたとしても、月収は月に一三万円ほどにしかならない。「早上がり」をやらされると月収は一〇万円にも満たない状況になる。本来、予定した労働を経営者の都合で休業させた場合は、休業補償が必要だ。一日の休業なら賃金の六割が支給される。早上がりの場合も支給されるのだが、その日、平均賃金の六割を超える賃金が支払われる時間を働いていた場合は、早上がりがあっても補償の必要はないとされる。川邉の職場では、補償の必要がない六割を超えた時点で、自由自在に早上がりをさせるのだという。

これが、短時間で勤務する短時間正社員なら話は別だ。最初から短い労働時間で契約するわけだから。しかし、川邉たちはそうした契約では、もちろんない。七時間以上の労働時間で契約している。日常的に早上がりを強いられたら賃金は不安定なものになる。たとえば、定時の終業時間が午後五時であっても、毎日のように午後三時や二時で帰されるのだ。時間は、あくまでその日に仕事がどれだけあるかで決まる。早上がりを〝指示〟されたら断れない。だが、それは、予定していた賃金の減額なのだ。

これはつまり、必要な時に必要な時間だけ労働者を使うということだ。経営者にとっては合理的なのかもしれないが、予定で拘束される労働者はたまったものではない。労働力は〝生モノ〟だ。使わなかったからといって〝冷凍〟して翌日に回すことはできない。「レンジでチン」なんてできない労働が、そのように扱われる。百歩譲って、時給が一万円、二万円の労働者ならば、こうした調整もあるかもしれない。しかし、川邉たちは最低賃金で、こうした時間的束縛を受けている。

たまに妻と食事ができると感動する

労働者をモノのように扱うやりとりはすでに広がっている。

「隙間時間を有効活用しよう」「空いた時間にちょこっとバイト」。そんな広告を最近よく目にする。労働の切り売りをビジネスにしているわけだ。ＩＴ化が進展するなかで、従来は手間がかかっていた人と仕事のマッチングがたやすくなったことが大きな要因と見られる。学生や、専業で働くことを望まない人には、仕事を見つける合理的なシステムなのかもしれない。だが、こうした「働かせ方」の普及で、人を雇う、あるいは働いてもらうことに責任を感じない経営者が増える懸念はぬぐえない。

早上がりが頻繁に行なわれはじめた二〇一八年、川邉は結婚した。相手は、同じ取次の倉庫で働いている別の下請け会社の女性だ。彼女もやはり、「早上がり」を強いられて労働時間が減っていた。二人とも事情は同じだ。二人はいきなり生活苦に遭遇する。

川邉はダブルワークを〝再開〟することにした。といっても家業は閉じてしまっているので、派遣会社に登録して菓子メーカーの倉庫で働くことにした。

一日のスケジュールはこんな感じだ。朝八時半には家を出て、約二〇分かけてバイクで通勤する。朝九時から午後四時（早上がりがない場合）まで取次の倉庫で働く。仕事後、約一時間かけて埼玉のお菓子の倉庫に移動して午後五時から午後一〇時まで五時間、倉庫作業に従事する。スケジュールを見てわかるように夕食をとる時間がない。「移動時間に何か食べるのか」と聞くと、「電車移動なので、とても食べられない。作業を終え、家に帰るのが午後一一時半になり、それから夕食です」と過酷な生活を明かす。このスケジュールを週三〜四日こなす。それで得られる賃金は、二つ合わせてようやく手取り二〇万円弱だ。

さらに、最近はここに労働組合、北区労連事務局長の仕事も加わった。多少なりとも活動費が出るため、埼玉の倉庫作業を減らし、組合活動に充てている。疲労困憊の日々だ。それでも、「労働組合しか労働条件を変える闘いはできない」と思うから、歯を食いしばる。

「たまに家族（妻）と夕食をともにすることがあるんです。その時は感動しますね。そして、なぜそんな普通の生活ができないのかと怒りや悲しみを感じる。一カ所で働いて生活するという、そんな普通の暮らしがなぜできないのか……」

川邉がふとそんなことを漏らした。頭には職場の同僚たちの顔が浮かぶ。多くの同僚は未婚だ。川邉も五〇まで未婚だった。

「結婚できる賃金じゃない。多くが結婚していない。周りを見てあきらめているのかな。賃金が低くて生活が苦しいと、本当に会社と家の往復だけの生活になるんですよ」

友人と会って交遊を広げたり、映画や音楽を楽しんだり、社会活動に参加するなど、人らしい生活が遠のくのだという。

低賃金のなかで我慢とあきらめがどんどん広がっているように感じる。ある同僚が、「いま家のなかが真っ暗なんですよ」と嘆いた。「どうしたの?」と問うと、「照明の電球が切れた。電球を買う余裕がないから、次の給料日まで暗い部屋で我慢する」と言う。

川邊はその話を、二〇二三年度の最低賃金の大幅な引き上げをアピールする記者会見でも訴えた。会見は厚生労働省で、最賃の引き上げを訴える労働組合として行なった。

「私の時給は最賃と同額です。僕らのワンコイン・ランチは五〇〇円玉で買えるお弁当ではないんです。一〇〇均（一〇〇円ショップ）で変えるカップ麺やパン一個のことです。物価高のなか、最賃は私たちの命に直結した問題なんです」

会見室の記者たちはざわついた。だが、本当はワンコイン・ランチすら準備できない仲間がいる。彼らはペットボトルに入れた水道水をランチ代わりにして耐えている。川邊は、余談ですが、と断って、こんな話もしてくれた。この倉庫では一時期、多くの外国人労働者がいた。アジア系から中東出身者まで多くの外国人が働いていたという。いま、その姿はない。

「外国人たちは正直ですよ。最低賃金に張りついた職場なんて、あっという間にいなくなるんです。この仕事は稼げないって思ったんでしょうね。食うや食わずのところでは、稼ぎに来た意味がないですからね。当然です」

無期転換の過酷な現実をどう打開するか

自身や同僚の厳しい現状を積極的に訴えている川邉だが、当初、厳しい状況にありながら、闘おうとしない同僚たちを理解できなかった。川邉の語る現実は、社外の人たちにはよく届く。怒りを共有して聞いてくれる。だが、同僚の多くは、「闘おう」との呼びかけには応じてくれない。それどころか、川邉たち組合員の活動をいちいち会社に「ご注進」する者さえいる。そんな同僚の様子を語ると、ある大学教授は「虐《しいた》げられた者たちが、なぜ立ち上がらないのだ」と怒りはじめたぐらいだ。

だが、川邉は「闘わない」仲間たちの気持ちも、わかるようになってきた。過酷な状況に耐えている仲間たちは、一日一日をどうやり過ごすのかで精一杯で、それ以外のことは考えないようにしているのではないかと思うのだ。この話をする時、川邉はとても慎重だった。「わかるかなあ」「説明するのが難しいんですが」と長く考えながら、何度も何度も説明した。

「余裕のないギリギリの生活をしていると、思考が萎《な》えていくんです。モノのように扱われ、希望がないなかで働くのは、とてもつらい」

低賃金のなかで生活することは、社会的な思考を奪われることに通じている。

出版労連傘下の川邉たちの組合は、毎年、賃上げを求め、春闘交渉を行なっている。粘り強い交渉で、交通費の見直しや有給休暇の残り日数の明記などの成果を上げてきた。だが、賃上げについては一度も獲得できていない。有期から無期に転換してからも時給は最低賃金とビタ一文変わらない。賃上げ交渉では会社は査定方法を説明するのみで中身は言わず、「査定の結果、あなたがた(無期転換した労働者)に賃上げはありません」と言うだけだ。会社側は経営状況を「厳しい、苦しい」と繰り返す、しかし売上高や財務諸表などはいっさい出さない。身分差別と言わんばかりの交渉だ。そして極めつけはこうだ。「これだけ物価が上がっているなかで、最賃と同額のこの賃金で生活できると思っているのか」と質すと、「(生活できると)思っていないよ。ただ、物価は会社が上げたわけじゃないから。嫌なら辞めてくれてかまわないし、うちは副業を禁止していないので、足りない分は他所で稼いでくれてかまわない」。

このやりとりは二〇二三年春闘でのものだが、会社側の一貫した姿勢だという。この章の冒頭に記した「(無期転換は)低賃金の奴隷でいつづけろというのか」との予言は、悲しいかな、当たっている。

とはいえ、川邉は、労働組合として闘うことが、無期転換の過酷な現実を打開していく唯一の方法だと思っている。二〇一八年のパート労働法改正で、正社員と有期雇用労働者の間の不合理な待遇差や差別的取り扱いが禁止された。これによって、簡単ではないにしても、有期労働者は待遇差の是正を求めることが可能になった。しかし、無期転換された労働者は、有期雇用ではないので、この法を使って是正を求めることはできない。つまり、無期雇用となった労働者は、いくら不合理な処遇の差があっても、労働組合で闘うしか改善する術《すべ》はないのだ。もちろん、弁護士や労働相談を使うなど個人で闘うことはできるが、個人で闘うのは相当ハードルが高い。だからこそ、川邉は組合にこだわり、そこに希望を見ている。まだ賃上げも勝ち取れていないが、ボーナスも退職金もないままで〝無期雇用〟と言えるのかという思いは、労働問題に向き合えば向き合うほど、強くなっていった。

ヤマト運輸のシングルマザー

川邉たちと同様に、闘いを始めた無期転換の労働者たちがいる。

宅配大手のヤマト運輸でパート労働者をしている人たちだ。その多くは無期転換されたパート労働者であり、ダブルワークのシングルマザーも多い職場だった。

そのヤマト運輸のパート労働者の一部に解雇騒動が起こった。発端は事業再編だ。ヤマトは二〇二三年六月、メール便や小型荷物の配達を日本郵政に委託することを発表した。二〇二四年一月三一日でヤマトの事業は終了し、約三万人の個人請負のＤＭ便の配達員がいっせいに契約解除になった。これにともなって、各地にある「ベース」と呼ばれる配送センターでメール便などの仕分け作業を行なっているパート社員にも〝解雇〟が通告された。

個人請負で配達業務に携わる人やパート労働者は労働組合に相談し、それぞれが全日本建設交運一般労働組合（建交労）に労組の支部を結成した。このうち、シングルマザーの女性が多かったのは、仕分けを行なうパート労働者たちだ。「茨城ベース」（茨城県土浦市）では、夜勤で仕分け業務などを担当する三〇～六〇代の女性一八人が組合を結成した。そのほとんどが無期転換された労働者だ。委員長の林野さつき（四六）ら役員は、会見を開き、不当性を訴えた。建交労軽貨物ユニオンによると、茨城ベースでの会社側の説明は二転三転した。

会社側の一回目の説明は、六月の発表から数日後だった。メール便の業務がなくなることが説明されたが、ベース内での異動の可能性については「確認する」にとどまった。だが、二回目の説明（八月）では他部門への異動はなく、アルバイトでの再雇用もないことが示され、他方で退職にともなう慰労金の支払いや転職支援サイトが立ち上がることなど、〝解雇〟が前提のような説明ぶり。その後も二度、説明があったが、そのたびに内容は転々とし、信用ならなかった。会見で林野委員長は「一方的な解雇通告で、退職のあり方を自らが選べないやり方に怒りを感じる。誠実に対応してほしい」と訴えた。

別の東日本のベースで一〇年以上同様の仕事をしている五〇代の女性は、発表直後に「関連業務がなくなるため、二〇二四年一月三一日に契約を終了させていただく予定」と記された文書を受け取った。「絶望の淵に突き落とされた」と語る。シングルマザーで、午後八時から午前一時まで五時間をヤマトで働く。その前は精密機械の工場で午後一時から午後七時まで働いている。ダブルワークで二五万円弱の収入を得て、母の面倒を見て、二人の子どもを育ててきた。週五日、一日一一時間働く生活を続けてきた。ヤマトではもう一〇年以上、契約を更新して働いているので、当初の契約社員から期間の定めのない無期雇用に転換している。

厚生年金に加入できたのも、無期転換してからだ。無期転換となったことで、再雇用を含め六五歳まで働けると思っていた。しかし、一月三一日で解雇になってしまったら、年金はどうなるのか、雇用はどうなるのか。六〇歳も近い年齢で、新たに安定した仕事など見つかるわけもない。子どもも手を離れ、やっと自分の老後のために働いていたのに……。

話しているうちに悔し涙があふれてきた。上司には、担当している仕事がなくなるのなら「違う仕事に配置転換させてもらい働きつづけられないか」とお願いしたが、とりつくしまもなかった。「このまま黙っていたら解雇されるだけだ」と、社外の建交労に相談、加入した。

昼も夜も働いたのは、夜は夜間割増が付き時給が高くなるからだ。安定した仕事に就けない分、深夜労働で補うしかないのだ。茨城ベースで働く組合員たちも午前二～六時（一二年勤務・無期転換）や午後一〇～午前六時（一五年勤務・同）など深夜に働く。一五年働く女性は深夜労働で月二一万円弱の収入を得て、昼は飲食店で働き、一人で三人の子どもを育てていた。

前述したように、ほとんどの組合員は五年以上契約を更新して働きつづけ、無期転換されている。契約期間は有期ではなく無期の雇用契約だ。有期労働者のように、契約期間が切れたからと簡単に雇い止めにはできないはずだ。一方的な会社の都合で行なう整理解雇であるのならば、正社員と同じく、通常の解雇より厳正な整理解雇の四要件（人員削減の必要性・解雇回避努力・人員選定の合理性・解雇手続の相当性）が求められるはずだ。もし解雇を強行するのなら、四要件を問いつめなければならない。相談を受けた建交労はそう考えた。少なくとも、一方的に解雇を通告したり、別の職種への転換を取り合わないようでは、要件である解雇回避の努力をしておらず、解雇は無効ではないか。何より、無期転換された労働者を簡単に解雇できると考えているかのような会社のやり方は許されないと、相談者たちに説明した。組合員の一人は「労組に相談し、私たちも、『おかしいことはおかしい』と声をあげられるし、闘えるのだと心強く思った」と語っている。

果たして、会社側もそれに気づいたのか、組合側の説明によると、団体交渉で、「今回の件は整理解雇なのか」と問う組合側に対し、会社は「整理解雇ではない。人員の再配置を精査しているところだ。余剰人員が出た場合には退職をお願いすることになる」と説明した。組合が「整理解雇ではなく、あくまで〝お願い〟ベースの退職なのだな」と再度問うと、会社は「そうだ」と答えたという。事実上、契約終了の通知は撤回したことになった。筆者の取材にヤマトは「労働者と私たちの間に認識の行き違いがあった」と説明した。

このケースが「行き違い」だったかどうかは簡単に判断できない。しかし、少なくとも言えることは、無期転換で雇用が安定したことになったはずの労働者たちが、パート契約の期間満了で雇い止めにされるように簡単に解雇されそうになったということだ。そして、ヤマトに限らず、このような扱いは至る所にあるのではないか。同時に川邉たちのように、最低賃金での〝安定〟を強いられているケースもよく耳にする。やはり、無期転換が〝格下の雇用〟のように扱われているように思えてならない。

会社に労働組合があり、こうした身分差別のような格差の解消に取り組むなら、この制度が活かされる可能性はもちろんある。しかし、現実には労組の組織率は一六%台にとどまり、多くの職場に組合はないのが現実だ。だが、川邉やヤマトの茨城ベースの労働者のように、社内に労組を立ち上げたり、社外の労組とつながったりすることで、状況を変えられることも明らかだ。「無期転換の過酷な現実を打開する唯一の道は労働組合」。川邉の言葉は重い。

第6章——六一年ぶりのストライキ

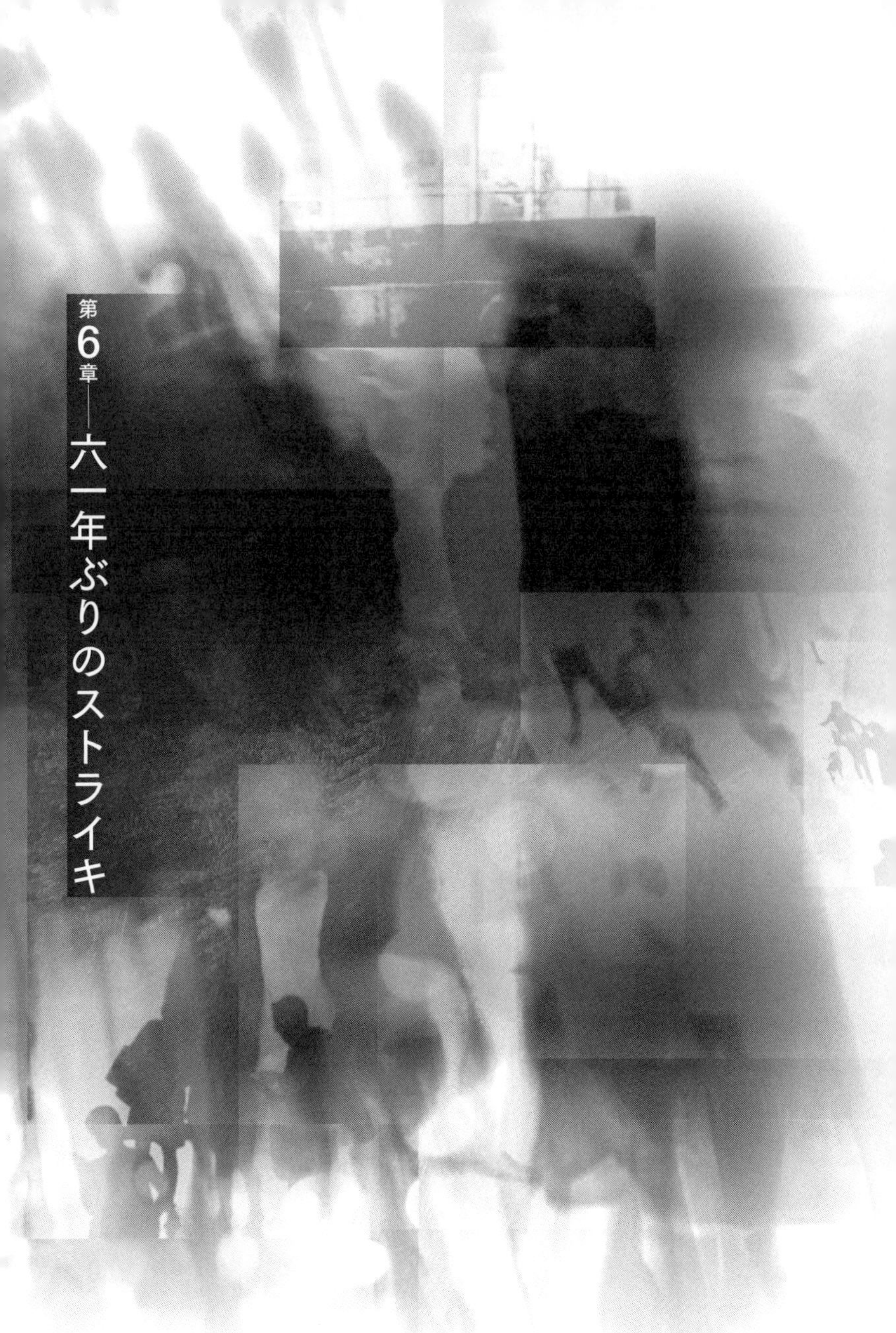

二〇二三年夏、新聞各紙の見出しに突如、「ストライキ」の文字が躍った。

こんなことは日本では久しくなかったことだ。百貨店大手のそごう・西武の労働組合（寺岡泰博委員長）が、同社株の売却をめぐってストライキ権確立の全員投票に入るという記事だ（二〇二三年七月三日付『毎日新聞』など）。

筆者は二〇年近く労働問題を取材しており、これまで何度か労組がストライキを決行した記事や、日本でのストをめぐる論考を新聞に書いてきた。だが、いずれも大手メディアで取り上げたのは毎日新聞ぐらいで、他紙は取り上げなかったり、取り上げても地味なベタ記事だったりした。少なくとも筆者の知っているかぎり、大手メディアはストに冷淡な対応だった。

非正規差別の是正を求めて闘った女性たち

そんななかでも印象に残っているのは、非正規労働者のストライキだ。いまから一〇年以上前の話だ。二〇一三年三月、東京都内の地下鉄の売店で働く女性の非正規労働者たちでつくる当時の「全国一般東京東部労組メトロコマース支部」（後呂《うしろ》良子《りょうこ》委員長）が、同じ仕事をしながら、正規と非正規の待遇に差がありすぎることから、その改善と、定年を迎えた仲間の雇用延長を求めてストライキに打って出た。

スト突入直前、彼女たちは厚生労働省の記者クラブで記者会見を開き、ストに至った経緯を語った。午前九時半と早い時間の会見ではあったにしても、参加したのは毎日新聞で労働担当をしていた筆者と、フリージャーナリストの松元ちえ、労働関連の情報を発信しているレイバーネットの映像作家、松原明の三人だけだった。当時のメディアがいかにストライキにも非正規の労働運動にも関心がなかったかがよくわかる。関心を持っていない、というのは決めつけかもしれないが、少なくとも非正規労働者のストライキは報じる価値がないと判断していたのは間違いないだろう。

このことをわざわざ書いたのは、筆者が非正規のストを報じたことを自慢したいためではない。ストライキが見る影もないような日本の状況のなかで、彼女たちが果敢に声をあげ、闘ったことが後々、非正規の闘いに大きな影響を与えることになるからだ。

スト当日、売店を運営する「メトロコマース社」の社前で彼女たちが行なったスト突入集会には、六人の非正規の仲間を支えようと、一〇〇人を超える労組員が、連帯のため、組合の旗やのぼり、「非正規差別ヤメロ」などのプラカードを手に集まった。ストの緊張を打ち破るかのように、後呂委員長は何度も地面を足で蹴りながら訴えた。

「働いても、働いても、生活は良くならない。けれど、じっと手を見るだけではだめなんです。声をあげなければならない。おかしいと声をあげなければならない」

やむにやまれず、とはこういうことを言うのだ。雇い止めの恐怖にさらされながらも声をあげる。労働者にとってストライキとは何なのかを体現するような訴えだった。

彼女たちは、その後、正社員と非正規社員の賃金差別の是正を求め裁判闘争を展開する。裁判は多くの労働者の支援も得て最高裁まで闘った。結果として裁判は退職金支給などでは敗訴に終わるが、彼女たちの闘いは、松原明、佐々木有美によりドキュメンタリー映画『メトロレディーブルース』（ビデオプレス・八三分）としてまとめられ、全国の非正規労働者を励まし、後に続く闘いの礎《いしずえ》になった。そごう・西武労組の注目を集めたストの何年も前に、知られざる非正規のストライキがあったのだ。

百貨店労組がストに至った経過

大手百貨店でのストライキは一九六二年の阪神百貨店以来、六一年ぶりということもあり、そごう・西武労組によるストライキを、メディアはこぞって大きく取り上げた。ストライキの記事が新聞の一面を飾ること自体が、そもそも何年ぶりか。ストライキが珍しいものになるほど、労働組合はストライキから遠ざかっていた。

そごう・西武労組は、全組合員によるスト権投票の結果、九〇％以上の賛成でスト権を確立した。そして、八月三一日に西武池袋本店で二四時間ストに突入し、打ち抜いた。これに対し会社は店舗を開けずに対抗した。

半世紀の時を越え、百貨店でのストを復活させ、牽引した委員長の寺岡は、「会社の合併でそごうと西武の労組も合併することになり、賛否の全員投票を行なった時も賛成は八割ほどだったので、スト権投票のゆくえを心配していたが、予想以上の高率で賛成してくれた。労働者にとってストライキが重要な権利であるとの認識を仲間と共有できたことが励みになった」と振り返る。

そごう・西武労組のストに至る経緯をおさらいしておこう。セブン＆アイ・ホールディングス（ＨＤ）が、二〇二二年一一月、子会社であるそごう・西武百貨店を米国の投資ファンド、フォートレス・インベストメント・グループに売却すると発表した。同社は家電量販店大手のヨドバシＨＤと連携していた。つまり、売却の後は西武池袋本店にヨドバシが入ることが予想された。そうなれば、そごう・西武で働く者たちにとって、自分たちの雇用がどうなるのかが最大の不安の種になる。雇用に関わる問題であるため、そごう・西武労組は、さっそくそごう・西武の運営会社に団体交渉を申し込んだ。

ところが、団体交渉では埒が明かなかった。運営会社は売却にともなう詳細や売却後の店舗計画など何を聞いても「わからない」「聞いていない」と繰り返したからだ。

会社とは長年「労使協調」でやってきた。寺岡らはショックを受けた。同時に、団交相手の運営会社は、親会社のセブン＆アイから実際、何も聞かされていないのだということも理解できた。寺岡らは、雇用に関わる団交事項であるとして、親会社のセブン＆アイＨＤにも団交、あるいは運営会社との団交に同席して説明するよう求めた。だがセブン側は「(親会社であるセブンは)そごう・西武従業員の使用者ではない」として、団交も団交への同席も拒否した。売却のスキームなどの説明の求めにも「守秘義務がある」として応じなかった。

結果として、寺岡たち労組は、自らの雇用に関わる問題なのに団交が機能せず、いっさい情報を得ることができなかった。状況を知りうるのは新聞や週刊誌の報道を通じてだったという。寺岡は「売却という重大な発表があったのに、それが自分たちの雇用に関わることか否かを判断する材料(情報)も労組にはなかった」と振り返る。労組としての存在を問われる事態に直面していたのだ。こうした状況が、労組にストを決意させることにつながった。

ストなんてありえなかった

そもそも百貨店は「お客さま商売」だ。長年かけて培った客との信頼関係が店の財産でもある。そんな業界だから、「ストライキなんてもってのほか」というのが従業員の意識に深く刻まれていた。それは春闘をめぐっての百貨店労組の姿勢からもうかがえる。百貨店の労組が加盟しているのは日本最大の民間産別労組UAゼンセンだ。UAゼンセンでは春闘期には、各労組がストライキ権を確立して産別統一闘争を行なう。スト権も妥結権も産別に預ける形だ。しかし、百貨店の労組はこの産別の統一闘争に参加していない。在京の別の百貨店労組の幹部は、「お客さまのことを考えればストなんてありえないので、統一闘争には参加していない。組合として甘いと言われるかもしれないが、会社とは団体交渉で何でも解決できる関係を築いてきた自負がある」と説明するほどだ。

ところが、この幹部は今回、そごう・西武労組が一年間取り組んできた会社との団交に、同業の労組として支援や情報交換を行なうなかで、「今回のストライキ決行は納得です。ストしかなかった」と、寺岡たちの決断を全面的に支持するようになった。あるベテランの組合員は、「昔の高倉健さんのヤクザ映画みたいなものですよ。理不尽なことにもじっと我慢して耐えに耐え、最後に命がけの反撃をする。それが今回のストです」と述べた。労組にとっての長ドスがストライキだったというわけだ。

果たして、そごう・西武労組は固く閉ざされた情報の扉を、ストライキを闘うことでこじ開けた。九〇%超の賛成でスト権が確立されると、さっそく効果が現れた。団体交渉で、これまで出されなかった売却に関する具体的な数字や情報が出てきた。毎回ではないが、出席を拒否していた親会社が団体交渉に同席するようになった。スト権を背景にして交渉することが、団体交渉の力を保証することが浮き彫りになった。

とはいえ、情報は出てきたものの、検討する時間や十分な話し合いもないまま、セブンは売却を急いでいた。組合は、セブンが団体交渉中にもかかわらず九月一日に株式を売却するとの情報を得て、八月二八日、ストを三一日に決行すると会社側に通告した。組合側は、「九月一日に株を売却しないとの確信が得られれば、ストを回避する」とスト回避基準も示していた。しかし、会社側は株譲渡の方針を決めたため、組合はストを決行。そして、セブン＆アイはまさに、ストライキ中に臨時の取締役会を開き、株売却を決議した。

結果としてストライキで売却を止めることはできなかった。しかし、寺岡は「売却は経営側の専権事項」と当初から表向きは「売却反対」ではなく、「売却に関する情報をきちんと出して、誠実に団体交渉を行なうこと」が目的だと繰り返していた。本音はもちろん「売却反対」ではある。だが、売却の計画を明らかにしていくことが、池袋の顔である百貨店を存続させることにつながると考えていた。そして、ストを打ち抜いたことで、売却後の新しい所有者との交渉にも必ず良い影響が出ると確信していた。社会を巻き込んでストライキを打ち抜ける労働組合を、新しい使用者も軽々には扱えないからだ。

ストライキの波紋は経営者以上に、労働組合の心をざわつかせた。そごう・西武労組のある役員は、売却された悔しさをにじませながらも「スト権を立てずにやっていたら、何も知らない間に売られていた。仕事に誇りを持つ者ならそんな不条理を許せるはずがない。ストをやって良かった」と話す。

他の百貨店労組の幹部たちにもその思いは伝わった。どの労組幹部も、そごう・西武労組の事態をわがことと考え、支援に入った。それは、ホールディングス体制などで会社の形が変わり、複雑化するなかで、これまで通りの「労使協調」一本やりでは雇用が守れないとの不安があるからだ。だからこそ彼らは、スト戦術にしたり顔で眉をひそめることもなく、そごう・西武労組が会社にスト通告をした際の会見には、ともに会見者の席に座り、そごう・西武労組に連帯の意思を示したのだ。

波紋が及んだのは同業他社の労組だけではない。ストライキの朝、西武池袋本店の前には、そごう・西武労組とは縁もゆかりもない労働組合のメンバーたちが「スト連帯」「池袋の街を変えるな」などのプラカードや横断幕を持ちスタンディングしていた。街行く人に「そごう・西武労組のストライキを支持します」とのビラを配った。そごう・西武労組の組合事務所には、産別・ナショナルセンターの違いを超えて、連帯を表明する労組のメッセージが次々と寄せられていた。寺岡は、「これまでお付き合いのない労組からも次々とメッセージが寄せられ、本当に心強かった」と話す。

当日、現場で取材していた筆者も、百貨店の前で顔見知りの労組員に出会った。そのうちの一人が、大阪の定時制高校で教諭をしている渡辺国和だ。渡辺は全日本教職員組合（全教）の組合員でもある。業界も違えば所属するナショナルセンター（UAゼンセンは連合傘下、全教は全労連傘下にある）も違う。夏に開かれる全教の定時制・通信制部会の交流集会を毎年取材するなかで出会った。二〇二三年の八月上旬に札幌で行なわれた集会で会ったばかりだった。偶然の再会に、「今日は観光か何かで来ていたんですか？」と問いかけると、「ストの支援で来ました」という。そごう・西武労組のスト通告の報道を見て、いても立ってもいられず、定時制の授業を終えると夜行バスに飛び乗った。お昼までストを支援して、午後のバスで大阪に戻り、授業をする予定だという。渡辺は「ストライキに立ち上がった人を孤立させてはいけないと思った。大阪から支援に駆けつけた人もいるよ、と伝えたかった」という。夜行バスでの強行軍に少々疲労の色も見られたが、ストの様子に興奮気味で「定時制は働いている生徒が多いから、今日の様子を見て『労働者はすごいんだ、声をあげることができるんだ』と伝えたいですね」と笑顔で話した。

渡辺以外にも、ストライキの取材中、多くの労働組合の顔見知りに遭遇した。みな、働く仲間を励まそうと駆けつけたという。スト中のそごう・西武労組の組合員の行なったデモの最後尾に連なって、連帯を表明していた。

筆者は労組員以外の市民の感想が気になり、百貨店前で二〇人にインタビューをした。ストに肯定的な意見が一五人、肯定も否定もしなかった人が四人、否定的な人は一人にすぎなかった。「スト＝迷惑」という図式があるのかと思っていただけに、ちょっと意外だった。

だが、考えてみれば、そんな図式が覆るのは当然かもしれない。厚生労働省の調べでは、半日以上のストライキの実施件数は、一九七四年の五一九七件をピークに減少の一途をたどっている。一九八一年には一〇〇〇件を割り、労働組織を統一した一九八九年の連合結成以降も減少は続き、近年はわずか三〇件台で推移している。つまり、ストを目の当たりにしたり、迷惑をこうむったりしている市民など、ほとんどいないのだ。

市民にとって「ストは迷惑」というイメージが定着したのは、公共企業体等労働組合協議会（公労協）が一九七五年に国鉄などで行なったストライキ権奪還ストライキ（スト権スト）の影響だと言われることが多い。およそ半世紀も前の話だ。仮にそれが事実だとして、スト権ストで〝迷惑〟をこうむった世代はもう少数派になりつつある。若い世代は、賃上げの要求、あるいは政府の政策に反対して海外で大規模に行なわれるデモやストをニュースで見ており、なぜ日本は大規模な行動が起きないのかと不思議に思っているのではないか。

街頭で市民に聞いた声でも、「せっかく来たのに休みになっていて迷惑」（七二歳・女性）が唯一の否定的意見だった。「ネットで物は買えるし、百貨店という業態が古い」（二一歳・男性）など業態への否定的意見もあったが、大部分は「ストは百貨店を残してほしいという利用者の代弁」（三五歳・女性）、「説明もせずに売却するなんて従業員をバカにしている。ストしか方法がないならやむをえない」（四一歳・男性）、「一日閉まるのなら我慢する。ずっとなくなるのは耐えられない」（五〇代女性）など、多数が肯定的だった。ストが迷惑という〝神話〟にとらわれているのは、むしろ大企業の労働組合や連合幹部だけなのかもしれない。

非正規春闘

注目を浴びたそごう・西武のストライキからおよそ七カ月前、非正規労働者を多数組織する個人加盟の労働組合の役員たちが、東京・霞が関の厚生労働省記者クラブで、それぞれが連携して取り組む初の試み、「非正規春闘」の開始宣言を読み上げた。

これまでも、個別の組合で非正規の賃上げなど労働問題に果敢に取り組んできた〝剛の者〟たちだが、「非正規春闘」という形で初めての連携を立ち上げたこともあり、メンバーたちは少し上気した面持ちで会見に臨んでいた。

無理もない。これまで春闘と言えば、注目を浴びるのは自動車や電機など大企業の労組だ。それは、大企業が大きな賃上げを獲得し、中小などへ波及させようという春闘の闘争パターンから、やむをえないことでもあった。しかし、春闘では一向に賃金は上がらない。そこへコロナ禍、ウクライナへのロシアの軍事侵攻などで、エネルギー、食料品を中心とした日用品の値段が高騰を続け、もはや非正規など低賃金労働者の生活は崩壊寸前だった。低賃金に我慢を重ねてきた非正規の労働者たちが、力ずくでも自分たちのほうに目を向けさせようと立ち上がったのだ。

会見に臨んだのは、連合系の全国一般東京ゼネラルユニオン（東ゼン労組）の奥貫《おくぬき》妃文《ひふみ》委員長、全労連系の首都圏青年ユニオンの原田仁希《にき》委員長、全労協（全国労働組合連絡協議会）系の全国一般東京東部労組の菅野《すがの》存《あり》委員長、全国組織には加入していない総合サポートユニオンの青木耕太郎共同代表だ。そこに各組合で活動している組合員が参加した。見ての通り参加団体は連合、全労連といったナショナルセンターの系列を超えて集まった。全労協系の東部労組は前述したメトロコマースの非正規労働者たちを組織し、彼女たちのストや運動をともに担ってきた仲間だ。

非正規春闘に参加する組合の統一要求は、企業に対して「一律一〇％賃上げ」、企業と政府に対し「最低賃金一五〇〇円以上を目指す」の二点だ。各労組がこの統一要求をベースに個別労組の要求を重ねて春闘を闘うというのだ。

労働組合をよく知る方ならば、ナショナルセンターの系列を超えた労組の共闘がいかに難しいかはご存じだと思う。一九八九年の連合結成をめぐっての考え方の違いがいまだに尾を引いて、同じ働く者の労働組合同士でありながら、系列が違う労組が連携して行動するのが困難な状況なのだ。組織率の低下が止まらない状況なのに、一つの目標へ向かって共闘もできないという、心底情けない状況だ。

特に、最大組織の連合の責任は、最大組織であるがゆえに大きい。〝労働者の代表〟として、労働政策審議会など重要な政策に関与する席を独占しながら、系列の労組以外といっさい共闘しないという姿勢は、話にならない。その姿勢は変わるどころか、二〇二一年一〇月、芳野友子会長になってから、さらに頑《かたく》なになったように見える。それがいかに不合理であるかは、「そんな場合ではない」と共闘に立ち上がった非正規の取り組みを見れば一目瞭然だ。

もちろん、大産別でもＵＡゼンセンや生協労連（二〇二四年から非正規春闘実行委員会に参加）のように、流通のパートなど非正規を多く組織する組合は本気の春闘を闘い、正社員よりも高い賃上げを勝ち取ってもいる。連合や全労連も春闘方針に非正規の賃上げを重点項目として掲げている。しかし、非正規労働の当事者が前面に出て声をあげる春闘はなかなか実現できていない。

非正規春闘の会見に参加した二〇代の若い組合員は、「(物価高のなかで) 一番苦しんでいる者たちが声をあげないでどうする、という思いで参加している。障害を持つ仲間が『私たちの声を聞かずに私たちのこと (障害者政策) を決めるな』とよく言っているが、同じ気持ちだ。自分たちの賃金は自分たちが声をあげて決めたい」と話した。

そんな彼らは、この日の会見前、朝一番に、大手町の日本経団連前で、身を切るような寒風のなか、「経団連は非正規の賃上げを」などのプラカードを持ち、訴えた。ある者は「経団連会長は『賃上げは社会的責任』などと言っていたが、そのなかに私たちの賃金は入っているのか。最賃でしか賃金が上がらない私たちの現実をわかっているのか」と叫んだ。大学生の組合員は「バイトの賃金が上がらないと、大学生活を続けることが困難だ。経団連は非正規にもまともな賃上げをせよ、とのメッセージを出すべきだ」と訴えた。

実行委員会では経団連に非正規春闘の要求と賃上げを求める要請書を渡そうとしたが、多数の警備員を配置して、受付に要請書を預けることさえ拒絶した。だが彼らは、この日を皮切りに、都内各所で声をあげ、そして重要な戦術としてストライキを含め春の闘いを進めた。

クリスマス期の加給廃止に声をあげる

非正規の彼らがスト戦術を有効な手段として考えたのには、前述した東部労組のメトロコマースの闘いの経験と、もう一つ、きっかけがあった。それは、二〇二二年一二月二三日、非正規春闘のメンバーでもある首都圏青年ユニオンの飲食店分会（栗原耕平代表）が開いた記者会見だ。内容は、フジオフードシステム（本社・大阪市）のケーキも販売するカフェで、例年クリスマスの繁忙期（一二月二三〜二五日）に基本時給に一〇〇円が加給される手当をめぐる攻防についてだった。分会には、神奈川県内の店で働くパートの非正規労働者が加入していた。会社側がクリスマス繁忙期の加給を中止するとの情報を入手し、分会は「実質的な賃下げではないか」と反発、加給の継続を求めた。

交渉を続けるなかで、組合員の一人がその期間にストライキに突入すると会社側に通告した。組合はストのほかに、非組合員へ呼びかけて加給手当支給を求める署名集めを始めた。

組合はもう一つ手を打った。社会的にこの事態を発信したのだ。ネットの署名サイトを使って事態を訴え、署名への協力を呼びかけた。個別の労使争議で署名を集める手法は昔からよく行なわれ、組合関係者の間では有効ではあったが、社会的な広がりをつくるまでには至らないケースが多い。その点、ネット署名は、組合員だけでなく、広く社会への訴えとなる。その結果、「(手当廃止は)ひどいね」「ストで抵抗しよう」などの声が次々と寄せられ、二週間で約一万二〇〇〇人の署名が集まった。

さらに、シフト制というアルバイトの働き方を逆手に取った手法を考えた。

シフト制とは、働く日時を使用者と労働者で話し合って決めるシステムで、たとえば大雑把に週二〇時間働くと契約し、いつ何時間働く(シフトに入る)か、希望を出し合って調整する。たとえば、コンビニのアルバイトのAさんが、「来週は月、火、土曜の三日間、午後五時から五時間のシフトを希望する」と伝え、コンビニ側は「月曜のシフトは埋まっているから木曜に変更できないか」などと調整するやり方で、パートなどで一般的に採用されているシステムだ。

シフトを強制されたり、急に減らされたりなどの問題もあるシステムだが、労使が希望を出し合うというところを逆手に取って、他の組合員や非組合員に「加給を取り戻すために、二三～二五日にシフトの希望を出すのをやめよう」と呼びかけた。職場の非正規の半数近くがそれに応じ、繁忙期にいつもの半分しかアルバイトが集まらないという状況が現出した。もちろん、会社側は個別に説得するだろうが、そうした事態になった。

このような経過をたどるなかで、会社側は、「手当廃止を通告はしていない」と言いだし、同労組のツイッターでの発信に抗議し、謝罪を求めてきた。その文書のなかに、「手当は支給することを決定している」と記してあった。組合側は、「店幹部のメッセージや団交で明確に支給しないと回答している」と反論した。会社側は経緯を尋ねる筆者の取材に、経緯の詳細は語らず、「手当は出した。ユニオンの事実誤認だ」と答えるだけだった。ともあれ、手当が支給されることは確認され、ストは回避することになった。

この争議で会社にストを通告した組合員は、子ども二人を育てるシングルマザーだ。カフェでタルトの製造や接客で四年以上働いている。彼女によると、時給は神奈川県の最低賃金（二〇二三年度一一一二円）に数十円プラスという程度だ。店で働く正社員は複数店舗をかけもちする店長が一人だけで、残る約四〇人は全員、パート・アルバイトだ。非正規だけで店舗を運営するのも珍しくなく、クレーム対応から予約の管理、発注業務、新人育成まで対応している。それなのに賃金はほとんど上がっていない。最賃を上回ればいいという会社の姿勢が透けて見える。いくら売上が上がろうが、経験を積もうが、昇給システムもないのだという。そんななか、唯一存在した手当がクリスマスの「繁忙加給」だった。全員総出で働く忙しい日々、売上は通常の一〇倍を超えることもある。一〇〇円の加給に、満足はしていないが、それでもあるとないとは大違いだ。手当の廃止は「私たちがいなければ店は成り立たないのに、そこまで私たちを軽視するのか」と体が震えるほどの怒りを感じた。働く者のプライドを根こそぎ奪われた気持ちだった。

奪われた尊厳は奪い返さねばならない。社会の力も借りたいと、ネットを通じて現状を訴えた。共感や応援の声が広がり、背中を押してくれた。「私たちは間違っていない。闘える」と意を強くした。彼女は、コロナ禍のなか、正社員には休業補償がされているなかで、非正規が補償を受けていなかった問題でも発言を続けてきた。同ユニオンと一緒に政府・政党や社会に広く訴え、非正規の休業補償の徹底に道を開いた。

スト戦術とともに、支援を訴えるネット署名で問題を広く社会に訴える手法や、賃金カットをともなうストよりハードルが低いシフト拒否の戦術を同時に行なうなどの手法は同ユニオンでは初めての取り組みで、新たな手法が関係者の関心を集めた。同時に、幅広く共闘することで、非正規の現状を可視化していく取り組みの重要性もあらためて浮かび上がった。

特筆すべき結果も

これまで、非正規労働者が主体になって取り組まれている春闘は数少なかった。

その背景には、パート労働者の組織率が八・五％（全体は一六・五％）にとどまっていることや、不安定な雇用のなかで声をあげづらいことなどが挙げられる。ある金属産別の労組役員は「残念ながら低賃金で一番困っている人が声をあげられないのが現状だ。切実に賃上げを願う人の声を何とか形にしたいと思っていた。その意味で今回のやり方はユニークだ。金属・機械などの大企業労組は、たとえば非正規のスト資金を支援するなど考えていくべきだ」と語る。もっともな意見だ。だがそんな声は、残念ながら少数派だ。筆者の目には相変わらず大企業労組は非正規の待遇に無関心に見える。労働者間の断絶を感じる。

共闘に参加した東部労組の須田光照書記長は会見で、「非正規労働者が自ら立ち上がることが重要で、新たな手法は参加を助ける意味でとても意義があると思う。声をあげられずにいる非正規労働者、正規労働者も勇気づける」と話している。須田は非正規春闘の難しさを知る一人だ。

首都圏青年ユニオンの原田委員長は、「フードバンクの支援に行くと、たくさんの非正規労働者が支援を受けに来ている現実がある。生活はギリギリで、かつてないほど賃上げの要求が高まっている。これまでの春闘とは別のやり方で非正規春闘をつくらなければならないと感じていた」と話した。

新たに立ち上がった非正規春闘の枠組みは、二〇二三年春闘にも爪痕を残した。その結果を見る前に、二〇二三年春闘で非正規がどんな状況だったか、非正規春闘実行委員会のネットアンケートの結果を見てみよう。

アンケートは二〇二三年の四月一七～二四日に行ない、四〇七件の回答を得た。雇用形態はパート・アルバイト（四二・三％）、派遣社員（二二・七％）、契約社員（一九・三％）など。時給は一〇〇一～一二〇〇円（三二・五％）、一〇〇〇円以下（一八・六％）、一二〇一～一四〇〇円（一七・四％）などだ。性別は女性（五七・七％）、男性（三七・九％）。このなかで九割が物価上昇で生活が苦しくなったと回答（とても苦しくなった、どちらかといえば苦しくなった）、賃金を引き上げてほしいと思う（とても、どちらかと言えば）が九七％にのぼった。それに対して、二〇二三年一月以降に実際に賃上げが行なわれたかの問いに、賃上げがあった二四％（九八人）、賃上げはなかった七二・一％（二九五人）、賃下げ三・九％（一六人）だった。回答数を考えると、これですべてを語るのは難しいが、大まかな傾向はわかる。多くの非正規労働者が物価上昇のなか、低賃金で苦しい状況にありながら、四人に一人しか賃上げを受けていない。一月以降の賃上げを聞いているので、前年一〇月の最低賃金での引き上げは考慮されておらず、春闘で上がったかどうかがわかる形だ。調査では、大企業で働く非正規と中小企業で働く非正規についてクロス集計を実施しており、それによると賃上げは大企業で二六・三％が実施、中小企業では一九・九％が実施となっており、企業規模にかかわらず、春闘で賃金が上がっていないことがわかる。引き上げ額は、時給で一～四〇円が半数を占めた。

二〇二三年の非正規春闘では、飲食店やスーパーなど三六社を相手に賃上げを求める団体交渉を実施した。ストライキをしたり、各労組が協力して会社の前で宣伝をしたりして、一六社から有額の回答を得た。都内の飲食店で時給二〇〇円（一七％）、埼玉を中心としたスーパーのベイシアで非正規労働者九〇〇〇人に平均五・四四％の賃上げ、靴販売大手のＡＢＣマートで同五〇〇〇人に六％の賃上げ、出版で時給一三〇円の賃上げと一時金、アマゾン倉庫で働く派遣労働者が四・三％、などを実現した。前述のアンケート結果も合わせて考えると、非正規春闘が簡単ではないことがわかる。

その一方で、ＡＢＣマートやベイシアでは、特筆すべき結果が出た。それぞれ、少人数の組合員による交渉だったが、その成果は同社で働く非正規全体に広がっている。労働運動に取り組む者にとっては、組合が勝ち取った成果が非組合員にも適用されるよう求めるのは常識であるが、一人の労働者が立ち上がったことで多くの労働者の賃金に影響が出たことは、あらためて労働運動の意義を考えさせる。これらの成果をふまえ、二年目の非正規春闘となる二〇二四年春闘の統一要求は、昨年の「一〇%」を「一〇%以上」とした。連合の二四年春闘の要求「五%以上」の倍の要求だ。参加労組も四労組増え、二〇労組になった。なかでも三万人を超えるパートなど非正規労働者を組織する生協労連の参加で、実行委員会は二年目にして大きな広がりを見せている。

声をあげ、時給アップを獲得する

非正規春闘に参加した首都圏青年ユニオンの大学生（二一）は、埼玉のスーパーでの時給引き上げに成功した。

彼と初めて会ったのは、二〇二三年二月、若者を中心とした非正規労働者や低賃金で働く正社員らが最低賃金引き上げを求めて取り組んだデモの現場だ。最賃をめぐる取り組みは、中央最低賃金審議会が改定を審議する夏を中心に行なわれることが多い。ところが二〇二三年は二月に異例の行動が取り組まれた。物価上昇が続くなか、このままでは生活できないと危機感を抱いた非正規で働く人たちが、前年の一〇月に改定された最低賃金の再改定（引き上げ）を求めたのだ。

再改定は差し迫った要求だった。最低賃金法には「改定は年に一度」などと書かれてはいないのに、厚労省は再改定の声があちこちから上がっても「最賃は物価だけで決まるものではない。さまざまなデータを見ている」とつれない返事を繰り返した。なぜ厚労省かといえば、厚労大臣が中央最低賃金審議会に諮問することで、改定が動きだすからだ。もちろん、経営側は難色を示すだろう。だが、逆に言えば、厚労省がその気になれば議論を始めることはできるのだ。

この厚労省の回答を見るにつけ、政府は最低賃金を生計費、つまりは「生きていくのに必要な賃金」とは見ていないのだと痛感させられる。労働者が労働力を再生産するために必要な金額がいくらかということと同様に、企業の「支払い能力」を〝忖度〟しているのだ。海外ではフランスやドイツの例からもわかるように、生活が成り立たないような物価上昇があれば、再改定や再々改定だって行なわれている。それは、最低賃金を労働者の生計費として重視しているからだ。

ともかく、彼はそんな切実な声をあげるデモの最前列で声を枯らしていた。彼は大学に通いながらスーパーでレジ打ちをし、夜は医療機関の夜間受付のバイトをかけもちしていた。バイト代の半分は教科書など教材費に、もう半分は生活に使った。こうしてダブルワークをしても、卒業時には奨学金約四〇〇万円が借金として残るのだという。大学の友人のなかには、学費も生活費も自分でまかなっている者がいる。その友人は物価上昇のなかでバイトを増やし、ほとんど大学に出てこられなくなっているという。彼は「低賃金によって人間関係まで奪われてしまっている。何とかしなければならない」と危機感を募らせていた。

彼は春闘交渉でストを闘い、埼玉県の最低賃金に張りついていた九八七円の時給を平均五・四四％引き上げるという回答を引き出した。しかし、彼は満足しなかった。「上がったといっても時給で五〇円ほど。東京都内の最賃にも届いていないし、物価高を補う分には足りていない」。だが、非正規春闘については「闘うことで初めて本当の交渉力が持てるのだと思った」と、働く者が横につながり闘うことの力強さを感じていた。

「氷河期世代」の困難

大学生の彼と同じ埼玉県で、スーパーのアルバイトをしながらダブルワークで生活する四〇代半ばの男性と、食料支援の現場で知り合った。

二〇二〇年の年末、コロナの被害が厳しかった頃、現場で彼の生活相談に乗った。彼はスーパーのバイトをメインに働き、スーパーのシフトが少ない時や勤務時間が短い時にはレンタカーの回収をして生活の足しにしていた。二つの仕事で得られる収入は月に一四万円程度だ。生活を切りつめてなんとか生活しているが、もう生活を切りつめようがないと、民間団体の食料支援をハシゴして食料を得て、何とか生活していた。「生活を楽にしたい」との相談だった。登山用と思えるような大きなリュックを背負い、そのなかには支援の米やレトルト食品、野菜や果物がパンパンに入っていた。「今日、(支援団体を)三カ所回りました。これで何とか年を越せます」と話す。レンタカー回収の仕事は、よくよく聞くと個人請負。それもきちんと請負契約を結んでいるわけでなく、レンタカー会社の社長との口約束で、小遣い稼ぎのような形で働いている。スーパーの収入だけだと、手取りは一〇万円に満たないほどだった。

彼に、生活保護の利用を勧めた。働いてはいても、非正規のアルバイトでは、どこか一カ所でも何かが崩れれば生活が成り立たなくなる恐れを感じたからだ。「生活に足りない分を生活保護を利用するなどして、いったん生活を立て直したらどうですか。そのうえで新しい安定した仕事を探しましょう」と勧めた。すると彼は、「いや、それは大丈夫なんです。何とか知恵使って生き抜いてますから。生活保護のお世話になるなんて、とんでもないです」と断った。

「でも、相談に来たってことは、不安もあるんですよね」とさらに聞くと、「いや、何か使える給付とかないかなと思って。何しろ忙しく働いているもんで。ありがとうございます。生活保護の利用も考えてみます」と言って、彼は会場を後にした。

翌年、年末の食料支援の場で再び彼と出会った。彼も筆者を覚えていたらしく、顔を見るなり「ご無沙汰しています」と相談のブースに入ってきた。一年間の報告をするように近況を話した。やはり支援の品でパンパンになったリュックを背負っていた。彼は「今年も何とか生き延びました。いろんな支援の現場を回って、何とか生保のお世話にもならずにやってます」と言う。彼にとって、生活保護を使わないことが「頑張っている」ことなのだろう。本人にまったく悪気はないが、生活保護を使わない代わりに、民間の支援がなければ生活が成り立たない状況に代わりはなかった。

しばらく話をしていると、彼がいわゆる「氷河期世代」、バブル崩壊後の一九九〇年代から二〇〇〇年代にかけて厳しい就職環境に直面した世代であることがわかった。東海地方の出身で、高校卒業後に埼玉県内の事務系の専門学校に入った。正社員の仕事を探したが採用されず、そのまま埼玉に住みながら、派遣やアルバイトの仕事を転々としてきた。年を重ねるごとに正社員の安定した仕事を見つけるのは困難になり、コロナ禍のなかで徐々に生活が困窮していったという。

二〇二三年の春闘以降、この男性にまた会いたいと思い、東京・新宿や池袋の支援の現場に足を運んでいる。彼の働いていたスーパーが、もしかしたら、大学生が賃上げを勝ち取ったベイシアだったかもしれないと思ったからだ。そうであれば、ぜひ感想も聞いてみたいし、闘った大学生の話もしたいなと思っていた。これまで三年連続で年末に会えていたので、あえて連絡先を聞いていなかったことを少し後悔している。まだ、彼に会えていない。

身を低くして、とにかく生き延びることに精一杯なのは、低賃金で不安定雇用を強いられている非正規労働者の現実だ。そんな彼を思う時、メトロコマース支部の後呂たちが、いつも闘いの現場で掲げていた横断幕の文言を思い出す。

「非正規労働者よ　団結して立ち上がろう」

働く者の尊厳はここにある。

第7章——非正規公務員

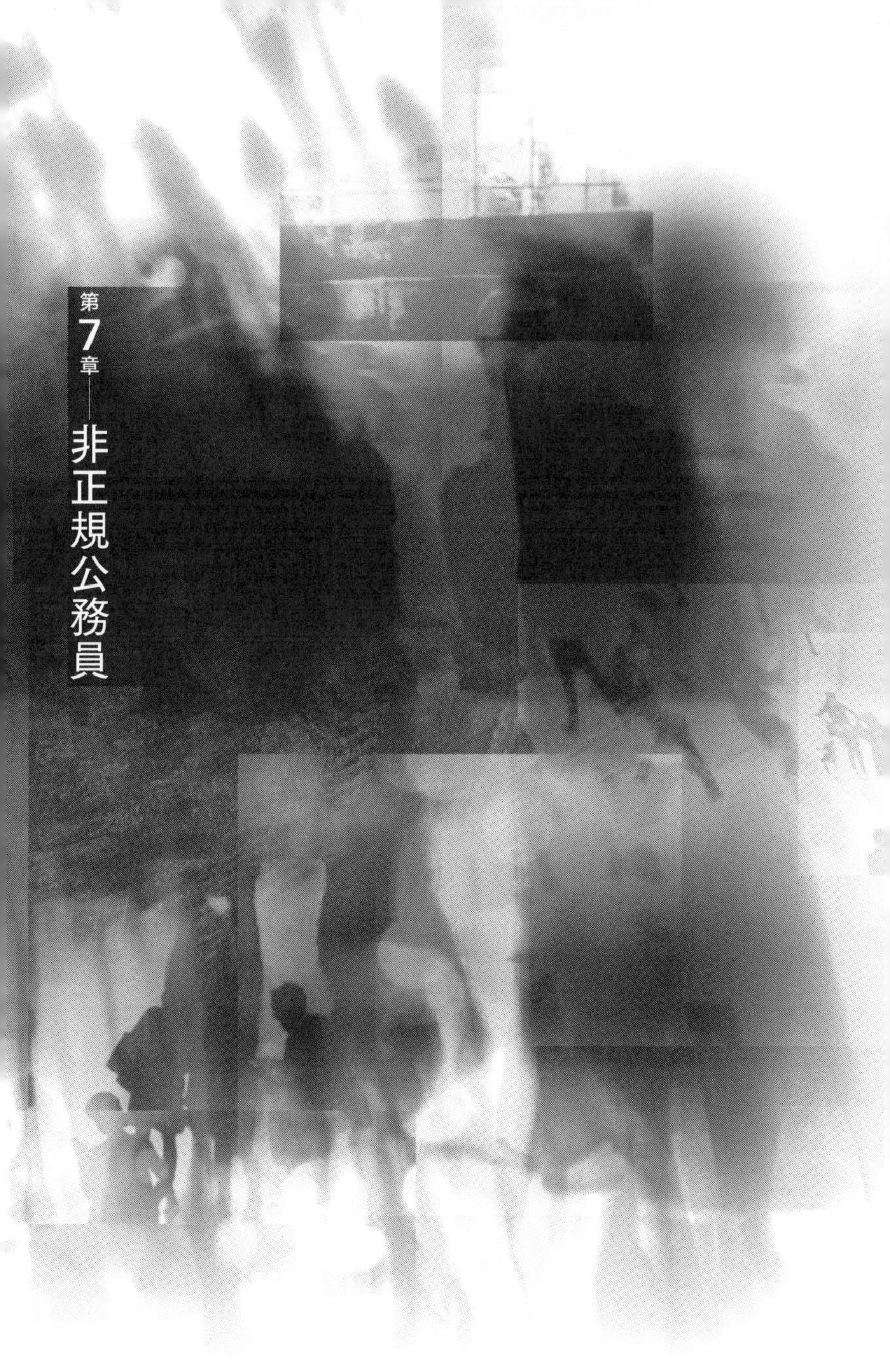

「あなた方には（職務に）専門性がある。簡単に雇い止めにするのはおかしい」

凛とした声が響きわたった。会場を埋めた約一〇〇人の参加者からは、強い共感を示すように力一杯の拍手が鳴った。

二〇二三年一一月七日、参議院議員会館で開かれた「非正規公務員を政治課題に」と題した集会の一コマだ。発言したのは、「非正規で雇い止めにあい、撤回闘争を経験した初の国会議員」と称される、参議院議員で社会民主党副党首の大椿ゆうこだ。そうした経歴だけに、非正規公務員が直面する理不尽な状況への訴えにも力が入っていた。

「会計年度任用職員」という非正規労働

集会を企画したのは、非正規公務員当事者や経験者、研究者らでつくるグループ「非正規公務員voices（ボイセズ）」のメンバーたちだ。ボイセズは当事者たちがつながり、非正規公務員問題を考え、話し合い、発信していく場としてつくられた。ネットを通じて知り合った全国の仲間たちが、チャットでやりとりを始めた。常に話題にのぼるのは、雇用の不安定さ、処遇の低さとともに、職場で受けるハラスメントのひどさだ。「いったいどれほどの人が被害を受けているのか」。チャットで悩みや経験を話し合ううちに、その思いは膨らんだ。そこでボイセズとして、全国の非正規公務員の仲間に呼びかけ、労働組合の協力も得ながら調査を開始した。

筆者が非正規公務員を所轄する総務省に非正規公務員のハラスメントに関する調査結果があるか聞くと、「(そういう結果を) 見たことはない」と答えた。民間では二〇二〇年に大企業を対象に改正労働施策総合推進法の施行で、職場内のハラスメント防止規定が盛り込まれた。二〇二二年からは中小企業でも施行されているのに、公務の現場の状況は調査もしていないのだ。ボイセズの調査は、おそらく非正規公務員に対するハラスメントについて初の実態調査となる試みだろう。

調査には、広島大学ハラスメント相談室准教授の北仲千里と、ジャーナリストで労働問題研究者の竹信三恵子が共同調査人として参加した。冒頭の集会は、その調査結果を公表し、それをもとに非正規公務員問題を政治課題に押し上げる目的で開かれたものだ。

調査結果を見る前に、非正規公務員とは何かをおさらいしたい。

国は非正規の地方公務員の処遇を改善するためと称して二〇二〇年四月に「会計年度任用職員」制度を導入した。それまで自治体ごとに任用して勤務条件を決めていたのを統一し、任用期間を会計年度ごと、つまりは最長一年とし、ボーナスを支給できる、などと定めた。ただし、このボーナスが収入増につながったかといえば、疑問だ。フルタイムで働いていた者の労働時間を短縮し、パート勤務とし、その分、月収は減り、減った分がボーナスに回っているだけとの指摘もある。

さらに、同制度に移行した際、採用にあたって「公募制度を導入する」とあり、総務省は当初、法に書かれていないのに、「原則三年で公募」としていた。そのため、三年後に大量の雇い止めが起きることを危惧する声が高まっていた。そうした声を意識してか、総務省は三年を前にした二〇二二年一二月に「三年目に公募を行うのは必須ではないことを確認する」との通知を出すに至った。しかし、公募の原則は変えていないため、五年目に行なうと表明する自治体も現れた。もっとも、一年目から公募を実施し、雇い止めにした例も労組などから報告されており、一年任用を繰り返すというこの制度が、さらに雇用を不安定にしているのが実態だ。

深刻なハラスメント実態

それでは、ハラスメントの実態についての調査結果を見てみたい。

調査は二〇二三年四月二七日から六月三〇日まで、非正規公務員とその経験者を対象にＷＥＢでアンケート（五二問）への回答を募り、五三一名から回答を得た。調査に携わった北仲准教授は、無作為抽出による調査ではなく、アンケートへの回答を募り、答えたい人が答えた形であることから「非正規の何％がハラスメントを受けている」とした表現はできないとしている。しかし、どんなハラスメントが起きているのか、その多寡や組み合わせなどの傾向をつかむことはできるという。

回答は全国各地から寄せられ、女性が八四・七％（四五〇人）、男性一二・四％（六六人）、他は無回答など（一五人）。年齢は五〇代（一九九人）が最多で、四〇代（一四三人）、六〇代（九七人）、三〇代（五八人）、二〇代（一八人）、七〇代以上（一三人）だった。六〇代、七〇代が二割を超えている。勤務日は週五〜六日が三四一人と半数を超え、労働時間も一日六〜八時間が三七九人で七割を超えた。多くの非正規公務員がフルタイムかそれに近い形で働いていることがわかる。職種は事務職（一六六人）が最多。それ以外は、国の事務相談員や福祉職、図書館司書、保育など、多くが専門職として働いている。

非正規公務員に事務や事務補助的なイメージを持つ人が多いようだが、実際は専門的な知識を必要とする仕事に就いている実態が浮かんだ。そして、それらの仕事は、何らかのプロジェクトなどで一時的に必要とされる仕事ではなく、保育や図書館司書、生活相談員など、常に必要とされる仕事だ。人件費を安くするため、専門的知識をつまみ食いするような歪んだシステムになっていると言わざるをえない。そもそも、専門的知識はただで手に入るわけではない。専門学校や大学、大学院での教育など、〝元手〟がかかっている。それだけに、つまみ食いは罪が重いと言える。

「非正規公務員として働いてきた中でハラスメントや差別を受けたことがあるか」との問いに、六八・九％（三六六人）が「ある」と回答した。そのなかで六六・七％（二四四人）が、受けた回数について「何度もある」と答えており、繰り返しパワハラを受けるケースが多いこともわかった。

受けたハラスメントのなかで重大な一つを選んでもらうと、①パワー・ハラスメント（六二・五%）、②複数のハラスメントの複合（二八・三%）、③セクシャル・ハラスメント（三・三%）、④学歴や出身校による差別（一・八%）――などで、パワハラがハラスメントの中心であることがわかる。ハラスメントを受けた相手は、①正職員の上司（六三・七%）、②上司以外の正職員（二三・三%）、③非正規の同僚（八・五%）――など。性別は「男性から」が三九・八%、「女性から」が三四・八%で、男女で大きな差はなかった。

ハラスメントについて誰かに相談したかの問いには、「相談した」が六四・八%、「しなかった」が三五・二%。相談をしているケースが多いが、相談の結果を聞くと、「解決した」は一五%で、「解決せず」が六四・五%、「どちらでもない」が二〇・五%となった。相談を受ける体制の不十分さや解決の難しさが浮かんだ。

一方で、ハラスメントの被害は深刻で、「体調の変化や悪化はあったか」の問いに「はい」が七六・九%、「分からない」一三・九%、「いいえ」が九・四%と答え、「はい」と答えた人の四六・二%が病院で受診、九・二%は「持病の悪化で受診」と答えた。ハラスメントが原因で休職した人は一二・六%で、休職したかったがさせてもらえなかったという回答も五・四%あり、休職しなかったのが八〇%だった。一方、ハラスメントや差別が原因で転職した人は四八%にのぼった。

これらハラスメントの背景を考えるうえで興味深い質問があった。「職場で正規職員と非正規とが対等であると思うか」の問いに、「思う」と答えた人は四・九%（二六人）で、「思わない」が七八・九%（四一九人）、「どちらとも思わない」が一三・九%（七四人）だった。多くの非正規公務員が「対等ではない」と感じているのだ。自由記述の欄には、「(非正規を)下に見ている」「完全に上から目線」「横柄な態度や言葉使い」などを訴える声が多い。専門知識を持つ人が多いのに、身分差別のような視線があり、それがハラスメントの温床になっていることがうかがえる。

非正規であることに関わってどんな経験を受けたかを具体的に例示した問いでは、「正規職の仕事を任された」（「ある」が四九・三%）、「仕事で必要な情報を非正規だからと教えてもらえない」（同四〇%）、「非正規さんや会計さんなどと呼ばれる」（同三五・三%）、「仕上げた仕事を正規職に取られた」（同二七・五%）、「会議やミーティングがあることを知らされない」（二六・四%）――などの回答があった。自分の名前がありながら、「会計さん」と呼ばれる。かつて、大手コンビニが派遣労働者に「ハケン」と書いた名札を付けさせて働かせ、批判を浴びたが、通底する意識を感じる。働く尊厳を傷つけられながら仕事をしている姿が浮かぶ。

具体的な状況は膨大な自由記述から読み取れる。ボイセズのメンバーが読み込んで、一〇の視点にまとめた。次頁の表を見ていただきたい。

アンケートの自由記述を分析、報告したのは、ボイセズのメンバー二人。自治体で婦人相談

ハラスメント調査の自由記述の分析結果　記載件数

①	クビハラスメント	121件
②	ハラスメントを受けると孤立しやすい	218件
③	ハラスメントの研修が不十分	299件
④	被害を相談しづらく、しても動かない	259件
⑤	ハラスメントは解決せず、退職に至る	138件
⑥	退職で市民サービスに影響が生じる	60件
⑦	パワハラは陰湿、セクハラは大胆	50件
⑧	ハラスメント被害は心と体に影響	50件
⑨	受ける影響は正職員と非正規で違う	124件
⑩	仕事が回らない職場がパワハラの温床	84件
⑪	正職員のプライドと特権意識が遠因	31件
⑫	女性、障害者など複合的な差別を受ける	112件

員を務めていた藍野美佳と関東地方で働く非正規公務員の女性が、特徴ごとに一二項目にまとめた。

非正規公務員のハラスメントの大きな特徴として、①「クビハラスメント」が挙がった。これは、一年更新という不安定な立場であることにつけ込んだ行為。仕事で意見を述べると「うるさい、クビにするぞ」「(雇用契約)更新はないかもな」などと言われる例があった。実際は、一方的な解雇は法に違反するが、自由に物を言わせない雰囲気がつくられている。

②では、ハラスメントを受けると、「職場の親睦会に呼ばれない」「上司のハラスメントなので見て見ぬふりをされる」などの孤立する事例が多数あった。

③は短期契約の使いつぶしと見られ、使用者側にマネージメント意識が薄いという指摘が

あった。

④のハラスメントの相談体制については「相談を受ける職員がハラスメントをしている張本人」「正職員を守るため非正規の相談はもみ消される」などの記述が目立った。また、会計年度任用職員は任期が単年度のため、長期の相談ができない。業務の相談をしても「今年限りだから」などと聞いてもらえないケースもあった。そのため、⑤のようにハラスメントが原因で退職に至るケースが多く、「我慢するか退職かの二択」「もみ消され、黙って退職するしかなかった」などの悲痛な記述があった。

市民サービスへの影響（⑥）の指摘もある。「専門性のある仕事を非正規にさせるから、退職の穴は専門性のない正職員では埋まらない」「黙っていれば業務に支障が出るような問題でも、指摘すると怒鳴られる」などの声があった。

⑦では、「性的な誘いを、セクハラ相談員に相談したら、相談したことが庁内で噂になり、次はパワハラを受けるようになった」「セクハラを上司に相談したら『気にするな』と言われた」などの声があった。

深刻なのは、非正規であることに加え、身体、知的、精神、発達などの障害への差別が加わった複合差別の状況が見られたことだ。障害を持つある人は「身体障害者は他の人に働く場を譲るべきだから、(雇用の)更新は二回までと言われた」「人一倍頑張り、障害者枠での任用が決まったが、障害者を雇いすぎたらしく、退職勧奨が始まった」「障害を持つ私をほぼ全員がいじめた」などの記述があり、「アイヌ差別を受けている」「妊娠した時にあなたは女性なので経済的に困らないだろうから退職してほしいと言われた」など、根深い差別意識が浮かぶ。

分析した藍野は「非正規公務員へのハラスメントの背景を分析していくと、制度の矛盾が吹き出してくる」と感想を述べた。また、ジャーナリストの竹信は「会計年度任用職員を導入したことで一年間の短期雇用を合法化したため、使い捨てしやすくなり、研修や相談体制の不備など、人が雑に扱われているように見える。非正規公務員が物を言えないような状況を打破していかないといけない」と話す。ハラスメントが放置されれば、遅かれ早かれ、みな辞めてしまい、公共サービスの担い手がいなくなる。竹信は、「専門的知識を持ち、住民サービスの最前線で働く非正規公務員がいなくなることは、住民サービスの劣化につながると認識すべきだ」と制度の問題を指摘している。

公的機関がワーキングプアを生み出している

これらのアンケート結果を見ていると、なぜ総務省が非正規公務員の実態調査を行なわないかもわかる気がする。それは、自ら発案したこの制度が本質的な問題を抱えていることを認めざるをえなくなるからではないか。実際、自治体職員の労働組合の全国組織である自治労連(日本自治体労働組合総連合)が二〇二二年度に組織をあげて会計年度任用職員を対象に行なった全国的なアンケート調査では、その本質的問題がより明瞭に見えてくる。

このアンケートは約二万二四〇〇人から回答を得ている。改善してほしいことを三つまで挙げてもらった調査では、「賃金を上げてほしい」(五九・五%)、「一時金が欲しい」「病気休暇を有給にしてほしい」(七〇%)や「ハラスメントをなくしてほしい」(五・一%)などの回答があった。五%という数字を見ると大きな数字ではないと思われるかもしれないが、回答者が二万人を超える大規模な調査でのこの数字の持つ意味は大きい。自治労連の役員は「ハラスメントに対して二〇人に一人が不安を抱えているということです。ハラスメントは特別な出来事ではなく、非正規公務員の誰にでも起こりうることであることを示していると考えるべきだ」と危機感を訴えていた。

この調査では年収についても詳しく聞いている。「誰の収入が主に家計を支えているか」の問いでは、「配偶者・親など」が四九・八%で半数近かったが、「自分」(二四・八%)、「自分を含む複数」(二四・三%)と、約半数が非正規公務員としての収入で生活を支えている。このアンケートの回答者は女性が八五・七%を占めていることを考えれば、女性が「家計補助的に働いている」という主張は説得力を持たない。家計の重要な担い手である。だからこそ、非正規の低賃金労働は女性の困窮に直結しているのだ。

世帯の主な収入が自分と答えた人の年収の回答を見ると、年収二〇〇万円未満が四八%に達している。二五〇万円未満にまで広げれば実に七五・一%がそのなかに入る。働いているのに生活が苦しいワーキング・プアを、公的機関がつくりだしていることがわかる。主には家計を担っていない人も含めた全体の収入分では、年収二〇〇万円未満が五八・八％を占め、多くの会計年度任用職員が低賃金で雇用されていることがあらためて鮮明になる。

こうした非正規公務員は全国にどれぐらいいるのか。数字ばかりが続いてしまうが、総務省が公表した二〇二〇年度の調査結果によると、地方自治体の非正規公務員は六九・四万人で、二〇〇五年の四五・六万人から一・五倍にもなっている。一方、正規公務員は二七六万二〇〇〇人で、同じく三〇四万二〇〇〇人から約二八万人減っている。非正規職員の内訳は会計年度任用職員が最も多く約六二・二万人、臨時的任用職員が六・八万人などだ。市区が三六・三万人、次いで都道府県が一六・二万人となっている。会計年度任用職員の男女比を見ると、女性が四七・六万人、全体の七六・六％と圧倒的に多い。非正規公務員の数は増えつづけており、その多くを女性が担っている、ということになる。

全国で六九・四万という数はなかなかイメージしづらいので、東京都内の自治体の非正規公務員の状況から具体的にイメージしたいと思う。

東京都内の自治体にどれぐらい非正規公務員がいるのか、その賃金はいくらなのか、民間や公務の労働組合などで構成する東京春闘共闘会議が二〇二二年の状況を、自治体ごとに調査した。それによると、非正規公務員の全職員に占める割合は区部で三七％、多摩地区では五〇％に達している。多摩地区では公務員の二人に一人が非正規で働いているのが実態だ。

二三区の非正規公務員は、割合こそ多摩より低いものの、人数では三万八九一〇人にのぼる。最も割合が高いのは荒川区の五一％（一七三一人）で、四割を超える自治体が九区あった。多摩地域の三〇市町村（島しょ部は未調査、無回答が四自治体）は全体で五〇％（二万九四七人）と半数が非正規で、最も割合が高いあきる野市は六四％（八二二人）、一三自治体で五〇％を超えるなど、正規と非正規の割合は逆転して、公務の現場では非正規のほうが多数派になりつつある。見方によっては、民間より公務の現場で「新時代の日本的経営」のポートフォリオが貫徹されつつあるように見える。

また、この調査での非正規公務員の賃金に関する設問では、二〇二二年一〇月の最低賃金改定（三一円引き上げ）にともなって非正規公務員の賃金を引き上げたかも聞いている。賃金を引き上げたという自治体は区部で二三区中一五区が九〜一八五円、多摩地区は三〇市町村（無回答四）のうち二二市町が一〇〜三二円引き上げたと回答した。最賃改定にともなって賃金を引き上げるのは、改定が実施されると、非正規公務員の賃金が最低賃金を下回るケースが出てくるためと見られる。実際、最賃の一〇七二円と同額に、もしくは数円上回るように改定した自治体もある。

調査結果をまとめた東京公務公共一般労組の斎藤誠一委員長は、「多くの自治体が最賃に張りつくような金額で非正規を使っているのが明らかになった。年度途中で最賃が上がれば、最賃を下回ってしまうのが実態だ。非正規の仲間の生活は厳しく、役所がワーキングプアをつくりだしている構図が鮮明だ」と話す。

最低賃金が適用されない

実は、会計年度任用職員は、正規の公務員と同様、最低賃金法の適用除外となっている。正規の公務員が最低賃金の除外になっているのは、つづめて言えば、「まさか行政に関わる大事な仕事をしている人が、最低賃金以下で働くことなんてありえませんよね。だから、民間のルールをわざわざ適用したりはしませんよ」ということである。そう、最賃を守るのは、人に働いてもらううえでの〝最低限〟の常識だからだ。

しかし、現実の公務労働の場では、適用除外をいいことに、「常識破り」があるのだ。筆者の調べでは、二〇二二年度の改定では、茨城県で最賃を下回った賃金で働く非正規公務員が複数の自治体にいた。しかし、労組や筆者がそのことを指摘しても、「法に違反していない」と最賃以下のままに放置しつづけた。民間のルールを公務が守らない現状を問題視する意見もあり、総務省は同年一二月、「最賃に留意する」と、賃金が最賃を下回らないように注意を促す通達を出した。すると〝違法状態〟の自治体は、県の強い指導もあり、あっという間に違法状態を〝解消〟した。やればできるのに放置していたのは、まさに非正規差別そのものだ。

給与をめぐる非正規公務員への差別的扱いは他にもある。公務員の給与について年に一度行なわれる人事院（国家公務員）・人事委員会（都道府県・政令市など）の勧告だ。スト権などの労働基本権を制限され、賃金決定を独自に交渉できない公務員への代替措置として、両組織が民間の四月の賃金と公務員の給与との較差を調査し、差があれば給与の引き上げなどを勧告する。勧告をもとに内閣や各自治体が取り扱いを決める。

二〇二三年度の勧告は、春闘での賃上げもあり民間との較差三八六九円（〇・九六％）を解消する必要があるとして、給与の引き上げを具体的に勧告している。そして、調査は四月であることから、給与の引き上げは四月にさかのぼって実施することも勧告には含まれている。地方自治体でもこの勧告をもとに労使が話し合って実施を決めるケースが多い。二〇二三年度の人事委員会勧告にはいつもと少し毛色の違う勧告をしたところがあった。勧告の遡及《そきゅう》実施をめぐり、非正規公務員も同様に実施する、との旨を含んだものだった。その理由は、総務省が二〇二三年五月に非正規公務員（会計年度任用職員）の給与の取り扱いをめぐり「改定実施の時期も含め常勤職員に準拠するのを基本とする」とした通知にある。要するに通知は「正職員と同じように遡及して実施しなさいよ」と言っている。それを受けての勧告だ。

二〇二〇年に会計年度任用制度が導入される前までは、非正規公務員は各自治体が雇用契約をしている関係だったから、「非正規は公務員ではないから勧告は関係ない」で済ませることはできただろう。しかし、公務員として任用すると変更したのに、いまだにこの理屈で遡及を拒んでいる自治体がある。総務省に聞くと、「勧告が（正規にも非正規にも）拘束力を持つという法的根拠はない。勧告を尊重して取り扱われてきた。同時に『非正規には適用しない』と解釈している自治体があれば、それにも法的根拠はない」と言う。だからこそ、総務省は「正職員と同様に遡及するのが基本」とする通達を出し、〝ルール〟を示して見せたのだ。もちろん、地方自治が認められているため、通知で強制的に従わせることはできない。しかし、総務省は二〇二三年一一月の参院総務委員会で、勧告実施の財源を日本共産党の伊藤岳議員に問われ、補正予算で対応すると答弁している。財政の裏づけまで示して非正規の遡及実施を求めているのだ。

こうした状況のなかで、それでも、勧告実施を交渉する自治労（全日本自治団体労働組合）や自治労連などの労働組合には否定的な反応も返ってきていた。このうち、自治労連は同年一〇月二七日〜一一月八日に全国の自治体に対して、非正規の遡及実施の意思について緊急アンケート調査を実施した。回答したのは二一二自治体（全自治体の一二％）だったが、「遡及を実施する」としたのは三〇・三％、「二〇二四年度から」（一七・五％）、「正職員実施後」（二・八％）、「しない」（三・五％）、「未定」（四五・五％）だった。この時点で半数近くは未定だが、約二五％は「遡及しない」との立場だ。

自治労連の試算だと、勧告が実施されれば高卒職員で平均二一万円、大卒職員で同じく二〇万円が増え、非正規公務員もフルタイムに近い労働時間なら一〇万円前後の増加が見込まれるという。同じ非正規公務員で、遡及する自治体としない自治体では一〇万円の格差が出ることになる。会計年度任用制度の導入を労働条件の統一のためとしていたのは、何だったのか。さすがの総務省も「遡及せず、来年度から実施というのは、原則一年任用の職員にとって意味がないものになる」と戸惑いを隠さない。

「遡及しない」と回答した自治体に、その理由（複数回答）を尋ねると「条例、運用に（遡及しないと）定めがある」（二七・五％）、「予算の都合」（一九・六％）、「システム改修の都合」（七・八％）、「事務が繁雑になる」（五・九％）などの回答があったという。前述したように、総務省は遡及の財政的裏づけは補正予算で手当てすると言っているのに、なぜ「予算の都合」となるのか。中部地区の労組役員はこんな見立てを話した。

「予算は補正として国から来る。その金を非正規の賃上げには使いたくないということでしょう。ただでさえ低賃金で働かせているのに、そのうえピンハネまでする気なのか。財政難だとしても、そのツケを非正規に回すことは許されない」

別の組合役員は、「改革派と称する首長たちは、公務員の給与を削るのが仕事と思っているのか、勧告を値切ること、実施しないことを自分の成果のように宣伝する」と吐き捨てた。

当事者たちの意見はさらに辛辣だ。北関東で一〇年以上、非正規公務員として働いてきた女性は、「『事務が繁雑になる』とはどんな言い訳か。私たちは日常的に煩雑な仕事を懸命にやっている。人をバカにするにもほどがある。それならば、市長や議員、正規公務員の給与も『煩雑だ』といっさい引き上げるな」と怒りをあらわにする。

関西で専門職で働く四〇代のシングルマザーは深いため息をついた。

「物価高は誰にでもふりかかっているのに、私たちだけ遡及しないなんて、私らは霞を食って生きているとでも思っているのか。女性の多い公務非正規でこんな扱いをするのは、女性だからですか。情けなくて悲しくて涙が出る」

これらは二〇二三年一一月の状況で、今後、「未定」の自治体がどう動くかはわからない。だが、非正規公務員に対する〝お上〟の意識が透けて見えるような話ではないか。

ダブルワークしなければ成り立たない

フルタイムに近い働き方をする非正規公務員もいれば、長い時間働くことを望んでも働けない人もいる。公務と民間のダブルワークも珍しくない。低賃金の仕事をかけもちして、何とか暮らしている人もいる。

東京・板橋区で会計年度任用職員として週三回、月一二日保育園で働いているのは、伊島陽子さん（六四、以下敬称略）だ。保育園の勤務がない日は訪問介護の仕事をするダブルワークで、ほぼ休みなしで働いているという。それでも、年収は合わせて二四〇万円前後にしかならず、八〇代の母を抱えての生活は厳しい。

一八年前にシングルマザーになり、ダブルワーク、トリプルワークをいとわず働いて、子どもを大学まで通わせた。安定した仕事はなく、非正規で体を酷使してきた。国民年金のため、年金支給が始まっても、それだけで生活することはとうてい難しい。「八〇を過ぎても生活のために働く自分を想定しなければならない」と言う。

六〇を超え、しだいに選べる仕事が少なくなりはじめた頃、非正規公務員の仕事を目にした。「公務なら安定するのでは」と期待したが、一日六時間四五分で週三日しか働けなかった。生活のためにダブルワークをしているが、次世代の子どもたちに関わる保育の仕事にやりがいを感じた。いまは保育士の資格がなく無資格でできる仕事をしているが、勉強を重ね、間もなく資格も取得する予定だ。そうしたら、もっと保育の仕事の時間を増やせるかと期待している。だが、募集を見ていると、そう簡単ではなさそうだ。募集は、朝二時間、夕方二時間など細切れが目立つ。資格を持っていても細切れ、非正規のくくりを抜けるのは難しいのかと不安になる。それでも、時給は最初一〇五〇円だったが、徐々に上がり、二〇二三年春には一三〇〇円に上がった。

しかし伊島は、「賃上げはありがたいが、物価の高騰に追いつくものではない」と手放しでは喜べない額だと言う。賃上げがあった後も生活は楽にならない。引き続く物価上昇や公共料金の高騰に対応するため、切りつめた生活を続ける。一円でも安い食材を探しスーパーのはしごは日常。食材を使い回すなど、できる節約はすべてしてきたが、もう削るところがなくなり、生活のために加入していた民間の保険を解約した。

「大きな病気をしても（保険の）支えはなくなった。老後も不安ばかり。電気代が二万円を超えたら、生活はいよいよ成り立たなくなる」とため息をついた。

そんななかでも歯を食いしばって捻出しているのが、ピアノとパソコン講習の月謝だ。「保育の仕事を続けるにはピアノを弾く能力は必要だし、パソコンも『できない』とは言えない」

もらえる年金は年額一三〇万円ほど。持ち家のない賃貸暮らしでは、八〇歳になっても働かなければ生活できない。伊島は「非正規公務員は、来年働ける保証もないなか、低賃金で働いている。子どもの命を預かる大事な仕事。なぜ、仕事の価値に見合った賃金にならないのか」と話す。それでも、保育の仕事にこれからの人生をかけなければならない。

業務評価Aでも雇い止め

会計年度任用職員制度が導入されて三年目の二〇二三年、「公募」を理由とした雇い止めが多発するのではと心配されていた。前述したように総務省は「三年公募」の記述を事実上取り消した。だが、やはり、現場では理不尽な雇い止めが相次いだ。

埼玉県狭山市の公立図書館で、二二年間、非正規の司書として働いた六〇代の女性が二〇二三年春に雇い止めになった。自治体は専門職である図書館司書を正職員として採用しない傾向が強い。彼女も資格を持ち正職員採用を望みながらも採用がないため、非正規で働いてきた。二二年間のうち一九年間は臨時職員として週五日、一日七時間一五分、働いていた。図書館は土日も開館しているため、土日のどちらかは出勤した。祝日は休みとカウントされないため、合計すれば正職員より年間の出勤日数は多くなったという。この間の多くは通年雇用だったため、雇用保険にも加入し、一七年間、保険料を支払ってきた。

その雇われ方が、三年前に会計年度任用制度が始まったことで変化した。まず、一日の勤務時間が七時間四五分のフルタイムの会計年度任用職員になった。さらに、一年任用の公務員となったことで大きな変化が出た。その一つが、一七年間にわたって支払いつづけた雇用保険からの除外だ。前述した最低賃金と同様に、フルタイムの非正規公務員は雇用保険の適用も除外される。理由は「公務員は法律により身分が保障されていて、民間のように景気の変動で失業することが考えにくいから」という。民間の失業給付に代わり、退職手当が支給されることになった。彼女も雇用保険に入れず、辞める時は退職手当を受給できる。

一方、短時間のパートタイムの非正規公務員は、雇用保険に加入できる。この違いについて常識的に考えれば、フルタイムの非正規のほうが雇用として安定していると考えるべきだろう。自治労連の幹部は「フルタイムの雇用保険除外は正職員と同じく、『めったなことでは仕事を失わない』というメッセージと読むのは当然だ。フルタイムの任用は非正規公務員全体の一割強しかいないことを考えてもそう見るのが当然だろう」と話す。実際、彼女は自治労連の労働組合に入っていて、会計年度任用職員に移行する際の交渉では、より安定した雇用になるようフルタイムでの任用を望み、実現させている。だが、制度が三年目となり、司書の仕事の公募が行なわれた際、女性は不採用となって雇い止めを通告された。

どのような公募・選考が行なわれたかを見る前に、彼女がどんな仕事をしていたかを記す。

彼女は児童書を専門として、二二年間、実績を積んできた。正職員が担う図書館の根幹業務でもある、どういう本を入れ、廃棄するかを決める「選定・発注・除籍」の業務を児童書分野で担当していた。予算管理も任され、正職員が関わることがなかったほどだ。何より、長年培った児童書への知識と経験を多くの利用者が頼りにしていた。学校の教諭や学童保育の指導員はもちろんのこと、親子連れや読み聞かせのボランティアなど、彼女を頼りにしている人は大勢いた。もちろん、そうした期待に応えるために日曜、休日も児童書を読んで過ごすなど、仕事に誇りを持ってやってきた。

彼女を取材していると、自分への不当な扱いについての怒りももちろん訴えたが、それより熱く語るのは、子どもの教育と本の関係、物語を読むことの大事さ……などだ。「この人は心の底から司書の仕事が好きなのだ」とすぐに理解ができた。そんな彼女だからこそ、年に一度の業務評価は、制度移行後も三年連続で最高のA評価がついた。

だが、公募のやり口は、そんな彼女のプライドをズタズタにするものだった。

公募の選考は「公正を期するため」（狭山市）として、民間会社が一次選考（書類審査）を行なった。審査はエントリーシートや作文を提出するだけだった。だが、彼女は一次選考で落とされ、不採用とされた。結果を知らされたのは昨年一二月。それは三カ月後の春には仕事を失うという〝通告〟だ。

この通告は、この制度が持つ多くのほころびをあらわにした。

まず、前述の雇用保険である。彼女は一七年支払いつづけた雇用保険を、会計年度任用の制度開始で適用除外とされた。適用除外にならなければ、仕事を失った場合、概算で二四〇日分の雇用保険給付を受けられるはずだった。だが、その代替として支給される退職金はその半分以下の金額だったという。

このケースをどう思うか、総務省と厚生労働省の担当者にそれぞれ聞いてみた。お互いに個人的な見解と断りながら、口を揃えて、「想定外。あってはならない」とした。彼女のように制度導入の前後でまったく同じ仕事をしているのに、雇用保険の適用、不適用が制度によって変わり、その結果、大きな損失を受けている事態に担当者も困惑していた。厚労省の担当者は「総務省が制度を考えた」と断ったうえで、「やはり雇用保険を除外するなら、簡単に雇い止めにするのは理屈が通らないと思います。よほど仕事上の瑕疵があったら話は別かと思うが、エントリーシートの審査で落とすのか……。長年働いて、短期雇用の退職手当ではあがなえないのでは」と疑問を口にした。厚労省に限らず、官僚は個別ケースについてはまずコメントはしない。今回ここまで発言したのは、よほど問題と感じたからだろう。

雇用保険の問題が「想定外」なら、選考にあたって、これまでの業務評価がいっさい検討されないというのは、「問題外」ではないのか。役所は彼女らが復職を求める団体交渉で、「民間に委託したから公平」「違法性はない」と繰り返したという。筆者の取材にも「個別の事情はお話しできない」と言うのみだ。しかし、前述の厚労官僚が疑問を呈するように、長年問題なく働いてきた人が、エントリーシートや作文の書類審査で落とされるのであれば、二〇年近く彼女を雇用しつづけた役所はどうかしているということになる。「業者に丸投げしたから公正」は理屈にならない。その審査結果がそれでよいかどうかも問わない、検証しないのか。繰り返すが、彼女の業務評価は三年連続で「A」評価であり、司書職で三年連続「A」とされたのは彼女だけだという。その評価すら検討されることなく、彼女は仕事を失ったのだ。

彼女は、〝クビ〟を通告されてからも三カ月間、ボロボロの精神状態のなかでも歯を食いしばって働いた。四月から仕事はない。三月末まで働いていたら、新しい仕事なんていつ探すのだ。彼女は「自分がもう続けられない職場で仕事を続けることがどれだけつらいか、役所はわからないでしょうね」と話す。三月になり、仕事もあと数日というところで、手渡されたのが、二〇二二年度の「A」と記された人事評価だった。数日後、最後の仕事を終え、二二年働いた職場を去る彼女にかけられた最後の言葉は「お疲れさま」だけ。その寒々しいやりとりは、一生忘れないだろう。

会計年度任用職員という非正規公務員の新たな形と、その酷薄な現実を紹介してきた。非正規公務員の数はやがて五割を超えるかもしれない。東京・多摩地区ではすでに五割を超えている。過半を超えつつある低賃金の非正規公務員が支える公共サービス。逆に言えば、いつ彼女や彼らが〝公共の仕事〟を見限ってもおかしくない状況だ。そうなった時に誰が公共サービスを守るのか。

いま、世界では新自由主義の広がりのなかでボロボロにされた公を取り戻そうという動きが広がっている。日本でも東京・杉並区の岸本聡子区長のように、「公共の再生」を公然と掲げる首長がようやく登場しはじめた。それに加え、「黙ってはいない」と声をあげはじめた非正規公務員たち。そこに、この社会が公共を取り戻していく希望を見る。

第8章 時給一〇一円

持続不可能な日本の農業

「最低賃金一〇〇〇円を農民に当てはめると。米六〇キロの値段が一万八〇〇〇から二万円にならないと実現しないですね。いまの米の価格では、ぜんぜん足りません」

中央最低賃金審議会で二〇二一年度の最低賃金の目安議論が行なわれていた同年七月上旬、農民運動全国連合会（農民連）の笹渡義夫副会長は、そう言うと、苦く笑った。農民たちは最賃以下で働くことを強いられている。農民連に農家の状況を取材に行ったのは、生活に困窮する人への食料支援で新鮮な野菜や米を支援している農民たち自身は、どんな生活をしているのか、そう思ったためだ。

そのきっかけは、大人食堂で見た光景だった。

農民として、困った人に食料を送る

二〇二一年の五月五日、東京都千代田区の聖イグナチオ教会で開かれた大人食堂。生活困窮者の相談に応じ、食料支援を行なっていた。会場にはお弁当とともに米や新鮮な野菜、果物などが用意され、外国人を含め生活に困窮する人々が長い列をつくっていた。筆者はボランティアの一人として食料配布を手伝っていた。メンバーのなかに農民連の藤原麻子事務局次長（当時。現・事務局長）がいた。提供する野菜や果物を並べていると、そのなかに山菜のわらびがあった。食べ方を紹介したカードとともにビニールに詰めてあった。いろいろな野菜が提供されるが、山菜は珍しいな、と思い、藤原に事情を聴いた。するとこんなエピソードを紹介した。

この大人食堂は、長期間の連休のなかで食料が枯渇するかもしれない困窮者を支援しようと急遽企画され、農民連への食料提供の要請は開催の一〇日ぐらい前だったという。急な要請だったが、コロナ禍で食料支援要請が増えていた農民連は何とか対応した。

藤原は、「農家にも、手もとに食料がないことはあるんですよ。特に端境期とかはね。ある仲間たちのところでは露地物の野菜がちょうどなくて、それでも『農民が送るものがないとは言えない』って山に入って山菜を収穫して送ってくれた」と話した。

筆者は東北出身で、子どもの頃に山菜採りに連れて行かれたことがある。山に分け入っての収穫は、決して楽しいだけではない重労働だ。話を聞き、山に入ってまで要請に応える農民の心意気に涙があふれた。前述したように、わらびには食べ方を説明したレシピとアク抜き用の木灰まで用意されていた。食べる人への思いが伝わってくる。

心づかいに感激していると、藤原は、「農民として食料を支援するのは、『あなたを大事に思っています』との気持ちだから。間違っても腐ったものや味が変わってしまったものがあってはならないと思っています」と言う。

農民連は食料の支援要請にはいつも全力で応えてくれる。要請を受けると藤原は「仲間に要請を伝えます。一つだけ、送料は（要請側で）負担してほしい」と言う。多方面からの要請に応えてはいるが、農民の生活の厳しさも垣間見える。そんなことがあり、あらためて農民の暮らし向きはどうなのかと思い、農民連を訪ねたのだった。

最賃を大幅に下回る収入

冒頭の笹渡の発言は、コロナ禍で米の卸価格が暴落した二〇二一年のこと。この年の米価は、農民連のまとめによると、北海道の「ななつぼし」は六〇キロで一万一〇〇〇円（二〇一九年比二五〇〇円減）、宮城の「ひとめぼれ」で九五〇〇円（同三八〇〇円減）、山形の「はえぬき」九五〇〇円（同三〇〇〇円減）、新潟の一般的な「コシヒカリ」一万二七〇〇円（同二二〇〇円減）――などである。農家の平均労働時間をもとに時給に換算すれば、いずれも大きく最賃を割り、五〇〇円台である。

コロナ禍は落ち着きつつあるが、米の価格は戻ってはいない。二〇二三年の「ななつぼし」は一万二五〇〇円（二〇一九年比一〇〇〇円減）、「ひとめぼれ」一万二〇〇〇円（同一三〇〇円減）、「はえぬき」一万二二〇〇円（同三〇〇円減）、「新潟コシヒカリ」一万三九〇〇円（同一〇〇〇円減）――などだ。肥料代の高騰対策もあり、二〇二一年と比べると米価は上昇しているが、一九年比では、この物価高のなかでもマイナスとなっている。一方、最低賃金の全国平均は二〇一九年度九三〇円だったのが、二三年度は一〇〇四円に上昇している。米価は下がっているのだから、最低賃金と農民の時給の差はさらに拡大していると言っていいだろう。

農林水産省の統計である水田作経営の収支を見れば、もっと衝撃的なデータがある。「営農累計別農業経営統計」で稲作農家一戸あたりの農業所得を見ると、農業による収益とかかった経費から出た所得は、二〇二〇年が一七万九〇〇〇円(労働時間九八七時間で換算した時給は一八一円)、暴落があった二〇二一年は所得が一〇万円で、時給換算にすると実に一〇一円にしかならない。これに水田活用などの交付金(二〇二〇年では六六万円、二一年では八二万円)が加わるとしても、最賃を大きく下回るのは明らかだ。他の章でも最賃には何度も触れているが、最賃は最低限の生活を営むのに必要な額であることが、額を決定するうえでの重要な要素だ。その最賃を大幅に下回っているという実態だ。農民連の笹渡は、「こんな異常な事態を放置しつづけているのだから、農業人口が減りつづけるのは当然だろう。農産物をつくっているから餓死はしないというだけで、生活は成り立たない」と憤る。

なぜ、こんなことになっているのか。

やはりそこには「新時代の『日本的経営』」と同様の新自由主義の影響が色濃く反映されている。農業政策の状況は後述するが、安倍政権のもとで新自由主義的政策が進められた。誤解を恐れずに言えば、その核心は、すべて「市場」にお任せ、ということで、そのための規制緩和と効率化を追い求めた。何より重要視されたのは企業利益の最大化だ。

その流れで言えば、農業は、この狭い国土で高い価格の農産物をつくる非効率な産業であり、海外から安価な農産物を購入するほうが「効率的」となる。これは農業に限らずそうだった。小泉政権や安倍政権で経済政策のブレーンだった慶應大学名誉教授の竹中平蔵は、新自由主義政策によって東京に企業が集中し、「地方経済が打撃を受けている」との指摘に、「効率の良い首都圏で事業を行なうのは当然でしょう。地方の衰退はそのようになるもの」と意に介さなかった。農業者は、農業・地方と二つの切り捨てのなかに置かれたと言える。

こうした見方は筆者だけには限らない。自民党農水族の重鎮としても知られる衆議院議員の森山裕は、二〇二三年五月、JA全中（全国農業協同組合中央会）などが主催した集会「食料・農業・地域政策推進全国大会」で講演し、「（現行の）基本法改正のポイントは、新自由主義の転換だ」と述べている。実質的に農業政策も新自由主義に〝支配〟されていたことを認めたものだ。森山は発言のなかで「（新自由主義は）短期や一部の成長にとらわれて持続可能性を重視していない」と述べ、「新自由主義で地方や一次産業は厳しい状態に置かれている」と直接的な表現で批判している。自民党の重鎮ですら、その政策の誤りを言いはじめているのだ。

これは、農業に限らず、最低賃金においても、地方出身の自民党議員が「全国一律」「時給一五〇〇円以上」などと主張する動きが出て、「最低賃金一元化推進議員連盟」（衛藤征士郎会長）があるほどだ。議員らは、新自由主義の地方切り捨て政策が地方を痛めつけているとして、最低賃金を全国一律にすることや大幅な引き上げで地方再生をめざすなどとしている。長年政権を担ってきた与党の議員が「どの口で言うのか」の批判はあろうが、野党顔負けの主張、あるいは新自由主義的政策への直接的な批判が与党内ですら出てきていることは間違いない。

農業にどのように新自由主義が持ち込まれたのかを少し見てみたい。

農業の基本政策を形づくったのは、言うまでもなく農業基本法だろう。一九六一年に旧農業基本法が制定され、一九九九年には現在の基本法（食料・農業・農村基本法）となっている。旧基本法はその制定時期を見ても、日米安保条約と貿易自由化の影響を色濃く反映していると言われる。大つかみに言えば、旧基本法のもとの農業政策は、畜産・野菜・果樹の生産を拡大する一方で、麦や大豆、飼料の大規模生産からは撤退する方向をめざした。畜産を拡大するとしながら飼料生産は放棄するわけだから、飼料は米国など海外に依存するほかない。野菜の生産に使う化学肥料や農薬も輸入に依存し、一九六〇年代には残っていた有機農業的要素は削られていった。その結果、肥料の九九％、飼料穀物の八七％は輸入に依存する形になった。農民連の笹渡は、「アメリカの食料戦略への屈服だった」と言う。

そして、一九九九年の現行基本法は、一九九五年のＷＴＯ（世界貿易機関）協定スタートを受け、その自由化要請の受け皿のような内容となり、牛肉、オレンジの自由化や米の輸入、そしてＴＰＰ（環太平洋連携協定）や日米・日欧ＦＴＡ（自由貿易協定）など自由化の嵐に翻弄される。その結果、日本の食料自給率は低下していく。たとえば果実では自給率一〇〇％だったものが三五％に激減し、肉類は九一％が五二％に、カロリーベースの自給率で見ても七八％が三八％にまで低下している。無残、と言わねばならない状況だ。

笹渡は、現行基本法の新自由主義的な性格が象徴的に見える例を挙げた。旧基本法の前文には「農業従事者が他の国民各層と均衡する健康で文化的な生活を営むことができるようにすることは、……公共の福祉を念願するわれら国民の責務に属することである」との文言があった。農家と都市労働者の所得格差を解消しようとの考えがわかる。それが、現行法ではバッサリと削られたというのだ。

山形県で兼業農家を営む男性（五九）は「現行の基本法になった当時、三〇代前半だったが、農業外の仕事に就いている人との収入の差が解決されたわけでもないのに、何も言わなくなった。『儲からないから農業やめろということか』と、リストラを勧められているようでがっかりした思いがある。農地の集約化とか企業の参入とかいろいろ言っているけれど、大規模しか生きる道はないのかといまも思っている」と受けとめた。

現在の基本法には、「効率的かつ安定的な農業経営」などとある。家族経営を含む多様な農業のあり方などは何も検討されていない。農産物の価格を含め市場万能主義で新自由主義の考え方を貫いている。前述した輸入自由化への圧力にも何ら抵抗できないのは明らかだ。食料を支える農民の生活は蔑《ないがし》ろにされている。

少しでも新鮮な野菜を手渡したい

ゴールデンウィークの大人食堂の後の七月には、女性を対象にした相談会（第二東京弁護士会など主催）に食料を届けに来た、茨城県取手市で農業を営む女性と出会った。女性はその日の朝一番に約一〇キロのトマトを収穫し、それを背負って会場に届けに来た。女性は「せっかくだから、少しでも新鮮なトマトをと思ってね」と会場に並べはじめた。

地元でもコロナ禍で困窮する大学生やシングルマザーなどへの食料支援に野菜やお米を提供しているという。

「農民だからね。食べるものがない……と聞くのは本当につらい。なので、食料を手にして笑顔になった人を見ると本当にうれしいんだ」と語る。手早くトマトを並べ終えると、少し顔を曇らせて「食料を育て、届けるのは私たちの喜びでもあり誇りでもある。けれど、何度もやっていると、こんなに食べられない困窮者がいるのに国は何やっているのって思ってしまうよね。公助はどうしたんだろうと」と言った。そして、「私たちは生産者だから食料に困ることはないよ。けれど、生活者でもあるからね。子どもの学費や肥料や農業機具の高騰で生活はすごく大変。農業は好きだけれど、なんでこんなに苦労して収入は少ないのかと思う。食料以外は困窮しているよ」と口をとがらせた。女性はよく日焼けした額の汗を拭うと、「これからメロンの収穫をするの」と、休む間もなく茨城へと戻っていった。

提供する食料がないと山菜を採りに山に入った農民、朝どりのトマトを持参した女性など、農民の誇りを感じる。一方、この女性が言うように「公助」はどうしたのか。日本各地の困窮者への支援が広がった「共助」はすばらしいが、それだけに頼るのか。ここでも、政府は役割を果たしていない。

アグロエコロジー

日本の政府による食料支援は、他国に比べて恐ろしいほど貧困だ。消費者庁がまとめた「諸外国における食品の寄付の実態等に関する調査」（二〇二二年六月一四日）によると、フードバンクに対する食料の寄付量はアメリカの七三九万トン（二〇一八年）、フランスの一二万トン（一九年）に対して日本は二八五〇トン（一八年）だ。人口の違いはあるにせよ、アメリカの〇・四％にすぎない。米、仏ではフードバンクの集める食料の約三割は政府からの提供だという。公的支援の有無が決定的に違うのだ。

フードバンク関係者は「欧米は食料安全保障対策で政府が余剰農産物を買い上げ、フードバンクを通して生活困窮者に供給するシステムにしている」と話す。

実は、米価が暴落した二〇二一年、農民連は、余剰米を買い上げて食料支援に回すよう政府に求めている。だが、政府は「米の備蓄制度の趣旨に反する」として応じなかった。そして、「食育用」として子ども食堂、宅食用に一六八トンのみを交付した。一六八トンは備蓄米九一万トンの〇・〇一八%にすぎない。コロナ禍の緊急事態にもこのありさまなのだ。

加えて、生活困窮者の支援に取り組んでいる団体によると、この「食育用」の備蓄米の提供は非常に面倒な手続きだったという。たとえば、子ども食堂で食事として提供する場合、大人はそのご飯を食べてはいけないとか、米の配布を受けるのに書類を提出しなければならないといった決まりがあり、子ども食堂の運営スタッフは、「政府がイヤイヤやっているのが見え見え。意識が低すぎる」と批判していた。

前述したように、欧米では余剰農産物を政府が買い上げ、困窮者に配布するシステムができている。農民連の笹渡は「余剰の米や牛乳・乳製品を買い上げ、食料支援に回すことで、生活困窮者の食への権利保障、採算割れになっている農家への支援にもなる」とそのメリットを強調する。

所得の減少や物価高など経済的な理由で、十分な食料が入手できない人が増えていることは政府も理解しているはずだ。食料支援に親子で並ぶシングルマザーや低賃金で働く非正規労働者が、支援でもらった米を「これで少し安心した」と抱きしめる様子を何度も見てきた。そうした人への公助、そして日本の食を支える農民の安定をなぜ実施しないのか、この期に及んでまだ自己責任論を振りかざすつもりなのだろうか。

新自由主義に貫かれた農業政策を根本的に変えることはできるのか。農民連は、世界の主流となりつつある「アグロエコロジー」（生態系を生かした持続可能な農業）に舵を切ることを提唱している。

アグロエコロジーと聞いても、多くの人はどんな農業か、ピンとこないだろう。筆者は農業県の山形県出身だが、初めて耳にする言葉に近かった。農民連の長谷川敏郎会長がアグロエコロジーの実践者だと聞き、話を聞いた。

長谷川は、島根県の中部に位置し、農業を基幹産業とする人口約一万弱の邑南《おおなん》町で農業を営んでいる。町は県内一の面積（四一九・三平方キロ）を占め、長谷川は稲作一・二ヘクタール、牧草地〇・二ヘクタールを耕作し、繁殖和牛二頭を飼っている。この他に山林も所有している。牛を飼い、米を育てる有畜複合経営と里山の手入れ、自伐型林業を行なうことで、地域資源を合理的に循環させながら、生態系の力を借りる農業を実践している。土地を集約し、大型化をめざす方向とは真逆の、家族で営む規模だ。それでも毎年コシヒカリ六トンを収穫し、契約した二五件の約一〇〇人の主食をまかなうことができる規模だ。経営状況について長谷川は、「農業だけの収支を見れば年に三〇万円の赤字になる。けれど、そのなかにはトラクターやコンバインなど農機具の更新費用など減価償却費を毎年約七〇万円積み立ててある」と説明する。十分回っているというのだ。

家族経営で、それに見合った規模での農業でどういうことができているのか。

長谷川は三〇年にわたり化学肥料を使っていない。牛二頭の飼育で出る堆厩《たいきゅう》肥や米ぬか、複合的に営んでいる林業から薪を有効利用して給湯や暖房に利用するウッドボイラーの木灰などを余すところなく利用し、循環させることで、コストの節約につながっている。長谷川は「ウッドボイラーのおかげでガス代や灯油代も不要。水道は井戸水。経費を農業経営の部分と家事消費部分にきちんと按分《あんぶん》することで、結果として農林業が家計を応援している形になる」と話す。

また、里山の手入れを続けることで生態系や環境の保持もでき、それらも循環のなかに組み込まれていく。長谷川家には一五ものツバメのつがいが毎年営巣する。年に二回、約三〇〇羽が生まれる。親ツバメはヒナを食べさせるために害虫を大量に捕食する。殺虫剤などを使わずとも農作物への被害が防がれる。里山が保たれた清流にはシーズンになるとヘイケボタルが乱舞するが、ホタルが繁殖する生態系は寄生虫の発生を防ぐ役割を果たしている。有機・無農薬はこうした循環のなかで実現する。長谷川は「生き物たちが良い仕事をしてくれる」と顔をほころばせる。

長谷川が飼育する牛は二頭だが、その糞は一・二ヘクタールの田んぼに必要な堆肥約二トンをまかなうのに適量だという。これが三頭分となると窒素の量が多くなりすぎてしまう。家族二人で面倒を見ることや田んぼの広さを考えても、二頭が適正規模なのだという。

長谷川は、「家族農業なら、家族の構成が変わっても、そのつど規模を伸縮して対応できる。働き手が一人増えたら牛も増やすし、田んぼも増やす。また、その逆もある。家族経営であれば伸縮しやすいので、融通性と危機対応が可能なんだね。要は、どんな形であっても地域の農地を守る持続可能なシステムとしての強靱さを備えている」と力を込めた。

長谷川の実践する農業の姿が、法人化や大規模化で効率を優先させようとする新自由主義の農業政策とは別物であることがわかる。もちろん、大規模化と効率化を全面否定しているわけではない。それも農業のこれからを考える時の一つの考え方ではあろう。だが、多様な農業の形態を排除するような現状は、農家のリストラにしかなっていない。日本の農業の展望が見えないことは指摘しなければならない。

新自由主義の農業政策から転換できるか

ＥＵは二〇二〇年に「農場から食卓まで戦略」を公表し、そのなかでアグロエコロジー推進を盛り込んだ。気候変動対策としても重視しているからだ。二〇五〇年までの温室効果ガス排出実質ゼロをめざした。そのため、二〇三〇年までに化学合成農薬の使用量を五〇％削減、化学肥料使用量の二〇％削減、全農地の二五％以上を有機農業にすることを掲げている。

一方の日本はアグロエコロジーについて何ら言及がなく、二〇二〇年の基本計画で掲げている目標も、二〇三〇年までに農薬一〇％減、化学肥料二〇％減、有機農業面積六・三万ヘクタール（農地の一・五％）にすぎない。

もう一つ、アグロエコロジーにもとづく政策が重要視することに「公共調達」がある。たとえば、ブラジルでは全国で学校給食の食材の三〇％以上を小規模な家族農業から調達するとしている。有機給食はフランスや韓国などで広がっている。

農民が安心して農業を続けるためには、公共調達のみならず、価格保障や所得補償の形で公の支援が必要だ。だが、新自由主義は公の縮小と経済合理性を追求しつづけた。その発想で農政を続けるかぎり、現在の姿を変えることはできない。その意味でも自民党の森山が「新自由主義からの転換」と言うのは的を射ている。ぜひ、政権党として反省の弁とともに語ってほしい。

ロシアのウクライナへの侵攻で、国際的に小麦などの穀物や油脂、肥料の輸出が厳しくなり、原油などエネルギー価格も高騰した。これまで記してきた通り、飼料・肥料も輸入頼みの日本農業は、円安も加わって、危機に瀕した。あらためて日本の食料自給率をカロリーベースで見れば、三八％という数字は先進国のなかで最下位、穀物自給率二九％は世界で一二七番目の低さだ。農民連の長谷川は「飼料や肥料を輸入に頼っている現状を考えれば、本当の自給率は一〇％あるかどうかだ」と指摘する。

そんななか、保守系の政治家のなかでは「食料安全保障」が、したり顔で語られる。しかし、そこで語られる自給率を上げる方法は、真剣に検討されたとは思えない内容だ。

野村哲郎農相（当時）は二〇二三年三月、衆院農水委員会で「我が国の輸入先は米国、カナダ、豪州で、それに日本の数字を足すとカロリーで八割をまかなっている」と話している。いくら同盟的な関係にあるとはいえ、他国の数字まで自国の〝自給率〟として足し上げる感覚はとうてい理解できない。結局は経済合理性の範囲内で食の安全保障が語られている。「国際分業」と言えば聞こえはいいのかもしれないが、そうした新自由主義の〝美しい言葉〟は、とっくに力を失っている。だからこそ、各国は食料自給率の向上に躍起になっているのではないか。

日本政府は、食料自給率からは目を背ける一方で、有事の際の食料確保や配分にともなう義務的措置の検討を進めている。いわゆる食料供給の有事法制化だ。有事の際、花をつくる農家に芋をつくるよう命じるなど食料増産を指示したり、流通を規制したりすることなどが検討されているという。検討するなとは言わないが、自給率向上を同時に検討しないのであれば、意味をなさない。

迷走する日本の農業政策。低賃金での労働を強いられる農民は一番の被害者だ。同時に、私たちも下がりつづける食料自給率の不安にさらされている。FAO（国連食糧農業機関）は、食料安全保障（食料保障）を次のように定義する。

「フードセキュリティーは、すべての人が、いかなる時にも、活動的で健康的な生活に必要な食生活上のニーズと嗜好を満たすために、十分で安全かつ栄養ある食料を、物理的にも社会的にも経済的にも入手可能であるときに達成される」

栄養ある食料を入手するためのさまざまな側面からの権利が私たちにあることを意味してい

る。アグロエコロジーへの志向は、新自由主義から私たちの食料保障の権利を取り戻そうという問いかけにほかならない。

対談——雨宮処凛×東海林 智

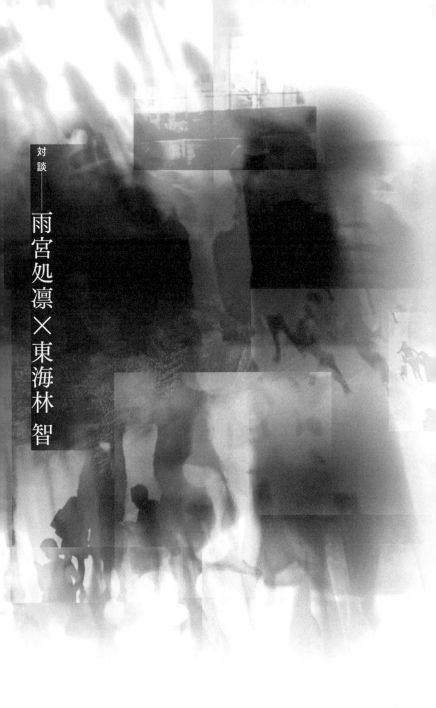

あまみや・かりん

一九七五年、北海道生まれ。作家・活動家。反貧困ネットワーク世話人。フリーターなどを経て二〇〇〇年、自伝的エッセイ『生き地獄天国』（太田出版／ちくま文庫）でデビュー。二〇〇六年からは貧困問題に取り組み、『生きさせろ！難民化する若者たち』（二〇〇七年、太田出版／ちくま文庫）はＪＣＪ賞（日本ジャーナリスト会議賞）を受賞。著書に『非正規・単身・アラフォー女性』（光文社新書）、『コロナ禍、貧困の記録　２０２０年、この国の底が抜けた』（かもがわ出版）、『学校では教えてくれない生活保護』（河出書房新社）、『死なないノウハウ　独り身の「金欠」から「散骨」まで』（光文社新書）など多数。

東海林　雨宮さんと最初に会ったのは、二〇年ぐらい前になるかな。労組の集会でしたね。フランス労働総同盟の書記長が来て講演するという集まりで、その時に、労働問題を取材したいといってゴスロリの〝戦闘服〟で雨宮さんが登場して。そんな人、見たことなかった（笑）。珍しい人だなと思って見ていたら、マジメにメモ取ってて。

雨　宮　そういう現場に出没するようになったのが二〇〇六年なので、もう一八年も前ですね。

東海林　それ以来、本当にいろんな現場でずっと会いつづけていますね。

雨　宮　そうですね。年越し派遣村とか、3・11の集会とか、あちこちで。

東海林　派遣村にも何度も来てくれて。

雨　宮　大晦日にも多くの人が来ていましたね。もう野戦病院のようで、こんなにたくさんの人が助けを求めて来ているのかと、ショックが大きかったです。

東海林　あの日は本当に対応に忙しくて、飯を食う暇もなくて。大晦日に俺たち何やってんだろ、なんて言ってたら、棗さん（棗一郎弁護士）が「違うだろ！　苦しんでいる人たちが立ち上がる場所をつくれてるんだ。痛快じゃねえか」って。あれから一五年、その間と今のことを雨宮さんがどう見ているのか、今日は話したいなと思ってます。

現場だから見えること

東海林　それにしても雨宮さんは、いつも現場にいるよね。

雨　宮　東海林さんもそうです。でも、現場に常にいるっていうのは、当たり前のことですよね。現場にいると、いま何が起こっているのか、誰がどうして困っているのかということがわかる。コロナ禍の時に東京都庁前で開催されていた相談会で、ホームレスだという男性に、「派遣村の時もお世話になりました」と言われました。彼は派遣村に来て生活保護を受け、それから一五年間、非正規雇用と生活保護を転々とする生活が続いていたんです。それでコロナ禍でまたホームレスになって、こうやって相談に来ている……。同じことが繰り返されているんですね。

この一五年で起こった大きな問題といえば、リーマンショックの経済危機と、3・11の大災害と原発事故、そして今回のコロナ感染症ですよね。そんなふうに何かあるたびに、本当に、根こそぎ生活を破壊される人がかなりいる。しかもその数がどんどん増えている……増やされているんですね。そのことが本当に地続きのものとして見えてきた感があります。

過去にも、たとえば一九九五年の阪神淡路大震災などいろんなことがありましたが、生活の不安定な人たちがこれほどたくさんホームレス化するということはなかったと思うんです。社会が少し不安定になると、あっという間に丸裸で路上に放り出される人たちがいる。そして、この人たちは政策によってつくられてきた。そのことがわかったのが、この一五年でした。

東海林　本当にシステムがつくりだしたんだよね。生かさず殺さずという貧困層を置いて、それを使いながら経済を回す、そういうシステムがある。それが見えてきた気がします。

雨宮　こういう「実験」を三〇年続けたら、こんな結果が出ます、という実験台にされているような気がします。特に、ロスジェネ世代やそれより若い世代は、人生そのものを社会実験にされてしまっているような……。

東海林　本当にその通りです。「新時代の『日本的経営』」の最初の実験台は、ロスジェネ世代の人たちだったと、僕も思います。

結局、まともな雇用が壊されて、「非正規」の働き方が増やされたということですよね。ロスジェネ世代はそれがもろに直撃したけど、いま特徴的なのは、女性や高齢者も不安定層になっているということ。派遣村のときや3・11後の経済不安の時は、現場に支援を受けに来た女性は少なかった。でも、いまは女性も高齢者も多く並んでいる。それまでも、ただ見えづらかっただけで、苦しい思いをしていたんだとは思うけど、非正規・低賃金によって蓄積された痛みが、この三〇年の間に拡大されてきたのだということを痛感しています。

雨宮　年越し派遣村の時には助けを求めて五〇五人の人が来て、そのうち女性はわずか五人でした。一方、コロナ禍では、一年目の二〇二〇年の年末の相談会に三日で三四四人が来て、そのうち女性は六二人、全体の一八%でした。そしてその次の年末の相談会には、四一八人のうち八九人が女性、二一%です。大阪などでの相談会でも女性がだいたい二割になっていると聞きます。つまり、一五年前には一%だった女性が、この間で二〇倍に増えているんですね。

二〇二〇年の三月には反貧困ネットワークの呼びかけで「新型コロナ災害緊急アクション」が立ち上げられて、メール相談も受け付けているのですが、これも二、三割が女性で、月によっては半数が女性という時もあります。そのほとんどが非正規で働いている人です。コロナ禍の特性として、サービス業や飲食業が打撃を受けましたが、そこで働く人の多くが非正規雇用の女性という構造の問題もあります。派遣村では製造業の中高年男性が多かったわけですが、この一五年で、社会も企業も、そして家族や福祉的な場所からも女性を守る余裕がなくなったのだな、という気がします。

貧困ビジネスだけが進化した

雨宮　近年、低賃金層の女性のニーズに応える形でシェアハウスが急増したのですが、なかには貧困ビジネスと見まがうようなものもあります。コロナ禍初期には、シェアハウスを追い出されて住むところがなくなったという女性からの相談が多かったです。

東海林　シェアハウスはこの数年で広がってきたよね。仲が良い友人同士のシェアハウスとは違って、貧困ビジネス化したものは追い出しがひどいし、普通の賃貸でも管理会社が介入するようになって、滞納が二カ月続くと容赦なく退去、というのが普通になっていますね。

雨宮　非正規労働だと、普通の賃貸物件を借りようと思っても審査が通らないことも多い。だからそういうニーズに応えるように、審査なし、初期費用不要、みたいなシェアハウス商売が成り立っている。「初期費用は不要」といっても、実際には保証会社への支払いが求められたり、他の名目でお金がとられたりする。そして一カ月でも滞納したらすぐ退去、その際には一括で一〇万円払うこと、みたいなことが契約書に小さく書いてあったりする。この一五年、公的支援はまったく進化していないのに、不安定層を対象にした貧困ビジネスはものすごく進化しているんですよね。

コロナ禍の際、多くの支援団体が「恒久的な家賃補助制度をつくること」を求めました。それだけでなく、コロナ禍をきっかけにセーフティネットが分厚くなればと思っていたんですが、コロナが五類になって、コロナ前の二〇一九年に逆戻りした感じですね。二〇二〇年四月から二二年の一〇月までは、都内で住まいがない状態で生活保護申請をすると、一カ月ほど都が確保したホテルに泊まることができた。けれどもそれも終わってしまって、以降は劣悪な施設が多い無料低額宿泊所に入れられるので、「失踪」して再びホームレス状態に戻る人が続出している。

そういう状況にかこつけて、貧困ビジネスが増えています。「生活保護」でインターネット検索すると、生活支援相談などを謳うキレイなホームページが出てきて、厚労省や東京都福祉局のバナーとかも貼ってあって――これは勝手に使っているのですが――即日入所〇円、弁護士や司法書士も付きます、などと書いてある。紹介されている部屋の写真もとてもキレイで。無償で食料支援もあります、みたいな感じなんですが、実際に入っている人に聞いたら、やはり典型的な貧困ビジネスで、通帳と身分証明書を取り上げられて、いろいろな名目でピンハネされて手もとには一万円しか残らないみたいな。食費さえとられて何キロ分かの乾麺が支給されるだけ……というような、貧困ビジネスの無低（無料低額宿泊所）でよくあった話です。けれども、無低であれば、そこを出てアパートに住むという選択をすることもできたのですが、この例の場合は、すでにアパートに入っているわけだから、劣悪だから出たいといっても、出ることが難しい。とんでもない話です。

東海林　つまり、無低を「アパート」として運営しているってことだよね。

雨　宮　そうです。さらに、郊外などのアパートの資産価値を上げるために、そこに困窮者を住まわせて生活保護を受けさせる例もありますね。本来はもっと安い家賃なのに、住宅扶助額ギリギリに上げて、常に満室の優良物件だと投資家相手に見せかける。そして売れたとたん、入居者は他の物件に連れて行かれてそこに住まわされる。

東海林　本当に、貧困ビジネスだけがすごい進化をしているね。

雨　宮　困窮者を無低で生活させて保護費をピンハネするというのもすごいビジネスモデルだと

思っていましたが、投資用物件に入居させて、満室と見せかけて資産価値を上げるとか、格差社会も極まったな、と。この状況を何とかしろと先日も厚労省と交渉したところです。

東海林　低賃金を背景にしたビジネスということだよね。

雨　宮　雇用が安定していて、まともな賃金が支払われているなら、こんな問題は発生しないはずですよね。結局、低賃金の問題があるから、そこから副次的にさまざまな問題が派生して、それをモグラ叩きのように叩いても、本当にキリがない。

東海林　コロナ禍になって、厚労省も「生活保護は権利です」と言うようになっていたのに、また元に戻ってしまっていますね。

雨　宮　実際、二〇一九年よりも、生活保護を受けている人は数万人単位で減っていますからね。それもおかしなことだと思います。コロナ禍で、本当は生活保護が必要な人が、特例貸付に誘導されるようなことも多くあったと思います。

絶望の世代

東海林　雨宮さんはロスジェネ世代の人たちと特につながりが深いと思うのですが、その世代の方たちももう五〇代に入りつつありますね。

雨　宮　みんな、もうあきらめている感じですね。「ロスジェネ」という名でこの世代が呼ばれるようになったのが二〇〇七年くらいでしたが、その頃に二五歳から三五歳だった人たちもいまは四〇代後半から五〇代前半。当然ですが、人生のニーズも、見えている世界も、若い頃とは変わってきています。同世代でも、普通に収入があって結婚して家庭を持っている人もいれば、製造業の工場を転々としていたけれど職も住まいも失い、ホームレス状態になってしまう人もいて、同世代でも格差はとても大きくなっています。

コロナ禍でSOSメールをもらった人のなかにも、トヨタなど製造業の工場を転々としていて、最近ついにホームレス状態になってしまったというケースはかなりありましたし、派遣会社の寮には居させてもらっているけれど、一週間も食べていないという餓死寸前の相談もありました。四〇代になって初めてホームレスになってしまい、本当に絶望している人もいました。自分たちが製造業派遣の解禁などによる犠牲者だということもわかっていて、すごく傷ついているけれど、でも怒ってはいない。怒ったところで、「自己責任だろ」と言われる、だから先回りして自分が悪いのだと口にする。そういう絶望を抱えている人に本当に多く会いました。

女性の場合も、やはり昭和の生まれですから、みんな何となく、二〇代ぐらいで結婚して、お母さんになっているか、結婚しないとしても、キャリアウーマンとしてバリバリ働いているか、その二つしか未来像がなかった。まさか自分が、月収十数万で、半年後どうなっているかもわからないような貧困生活をしている中年女性になるとは思わなかったと思うんです。

リーマンショックの起きた二〇〇八年頃、みんな三〇歳前後で、正社員になりたい人も結婚して子どもを産みたいと思っている人も、この状況では不可能、という感じで、けれども少子高齢化は国にとっても重要な課題だし、ロスジェネ世代はベビーブームを期待された世代なのだから、正社員が増えて収入が上がれば税収も増えるし子どもを産む人も増えるし、そのような状況を整えてほしいと、訴えていたんですよね。それは自分たちにとっても国にとっても良いことなのだから、それはそのようになるだろうって当時は素朴に思っていました。でも、完全にスルーされたんですよね。そして、何も改善されず、そういう人たちがもう五〇歳目前になっている。

東海林　厳しい状況を訴えても、社会が関心を持たない。問題を起こしているのが構造なんだということが社会的にちゃんと伝わっていないと感じます。だから、「失敗した人」「うまくいかなかった人」として見られてしまう。いったいどうすればいいのか。あきらめに支配されてしまっている感じがする。

雨　宮　それでもまだ、「若者」ならば社会も関心を持つんです。若者が大変なのだからどうにかしなければ、みたいに。けれども、四〇代、五〇代となると、日本の場合はどうしても「いい年してまだふらふらして」などと、自己責任論の目で見られてしまう。二〇一九年に政府は就職氷河期世代を「人生再設計第一世代」と言い換えて、ロスジェネ世代を三〇万人正社員化すると言っていましたが、三年経っても三万人しか正社員になれていない。日本の政治が、いままで中年世代の就労支援をまともにやったことがないということも大きい。だから私も三〇代半ば頃には、ロスジェネってこのまま忘れられるんだろうなって思ってましたね。そして、本当にそうなってしまった。

派遣法が多くの人生を破壊した

東海林　どうしてこうなってしまったのかと考えると、日経連（現・日本経団連）の「新時代の『日本的経営』」が、やっぱり大きい。東京新聞に、当時、日経連で提言を主導した元常務理事のインタビューが出ていましたが、読みましたか？

雨　宮　もうほんと、ムカつきました。こんなことになるなんて思ってもなかった、みたいな。

東海林　僕は彼にずっとインタビューを申し込んできたのですが、断わられていました。それでも何度も申し込んでいたんですが、東京新聞に出て。まあ、読んで、自分がインタビューしなくてよかったかもしれないと思いましたね。こんなこと目の前で言われたら、俺もう……。

雨　宮　会社をクビになるような出来事が起こっていたかもしれませんね（笑）。

東海林　ほんと、どうなるかわからないな、と（笑）。で、その東京新聞のインタビューで彼は、あの国際競争力が弱まった時代、「円高で賃金が上がりすぎたから、このままでは企業がつぶれるという緊急避難の意図があった」と話している。それで、景気が好転すれば再び非正規が正規として雇用されると思っていたが、そうはならなかった。

雨　宮　企業のせいにしてましたよね。経営者が社員を大切にしなくなったとか。

東海林　いったん労働者を安く使って利益を上げはじめたら、もう一度ちゃんと賃金を払って雇用しようとは、なかなかならない。派遣村の時にも、労働政策審議会で経営者側の委員をやっていた人に、「どういうつもりなんだ」と聞いたら、その人は、「昔の経営者は盆暮れに人を切るようなことはしなかった」と。それなのにいまは、業界を代表するような大企業が年末に一番にクビを切る、「本当に下品だ」と言う。実際、その頃には日経連など経営側にもそういう矜持を持った人たちがいたわけだけど、「新時代の『日本的経営』」の後、日経連自体も経団連に吸収されて消えてしまう。

雨　宮　そういうことなんですか。

東海林　そう。経団連に取り込まれて、「それまでの時代の日本的経営」がつぶされ、新自由主義一本で進むようになっていったと思います。それは連合元会長の高木剛さんが指摘していました。日経連が消えて、経営側も変質したと。どうあれ、この問題はしっかりと総括しなくてはならないなと思っているし、この本はその第一弾だと思っています。

雨　宮　「新時代の『日本的経営』」の破壊力、そして派遣法の破壊力が加わって、いま、こうして人を殺しにきている。たかが法律一本、たかが雇用の形態、たかが働き方なんですが、それで結婚ができない、出産できない、人間関係がつくれない、定住すらできない、未来が見えない。

恐ろしいことじゃないですか。

製造業派遣のロスジェネに顕著ですが、半年ごとに職場が変わって、人間関係がつくれない。実家を出て十数年も経っていれば、家族や地元の友人とも疎遠になる。困った時に誰も頼れない。貯金もない。家族も地域社会も、承認してくれる人も居場所もない。そういう人を膨大に増やしてきた。でも多くの人がその実態を知らないし、調査も把握もされていない。

東海林　派遣法の破壊力、ですね。

労働者の分断により生み出された差別

東海林　「新時代の『日本的経営』」のもう一つの影響は、労働者の分断だったと思う。あの提言のねらいは、企業が国際競争力を取り戻すために安く使える労働者をつくる、ということだったと思います。そして、安く使える労働者をつくることで利益が確保され、潤う労働者もいた。だから、自動車とか電機とか、製造系の大手労組は派遣法の全面解禁に、実は賛成していた。

雨　宮　そうなんですか。

東海林　派遣労働の解禁で会社の収益も上がって、自分たちは潤うからと賛成したわけです。

雨　宮　同じ職場で働くことになる派遣労働者の人たちの生活については考えなかった。

東海林　そうです。これは本当に罪が重い。

雨　宮　自分たちのために誰かを犠牲にすることを容認してしまった……。

東海林　だから派遣村の時、電機や自動車関係の労組の人たちはいっさい来ていませんでしたね。うしろめたかったのか、責められるからなのか、自分らには関係ない話だと思ったのか。

雨　宮　この分断は、身分差別ですよね。

東海林　最近ずっと取材している非正規公務員の問題でもそれが顕著です。公務員の賃金は人事院勧告で決まるわけですが、正規職員の給与改定は四月にさかのぼって実施されるのに、非正規公務員には遡及をしない。公務員採用ではないから、というのが言い訳だったんですが、二〇二〇年に会計年度任用職員制度が導入されて以降は、一年限りの公務員ということになっているのに、いまも三割程度の自治体しか遡及をしていない。それで、それをしない役所に「なぜやらないのか」と聞いたら「事務処理が煩雑になるから」と言うんですよ。

雨　宮　すごいですね。

東海林　正規職員も煩雑だから上げないというのならともかく、身分差別そのものでしょう。

雨　宮　そういう差別を禁止する法整備なら、いますぐ、やろうと思えばできるはずですね。

東海林　差別という点で特にひどいのは、無期転換ルールです。有期労働契約が更新されて通算五年を超えるときに、無期労働契約に転換できるようになった。しかし、賃金は上がらない。もちろん上げてもいいのだけど、厚労省が通達で賃金を上げる必要はないと書いたんです。だから、無期に転換になっても最低賃金のまま働いている人がたくさんいる。

雨　宮　無期奴隷制度みたいなものですね。

東海林　そう。退職金も出さないでいい、最低賃金でいいと保証を与えているようなものです。

雨　宮　身分が固定されているわけですね。

東海林　まさに身分固定です。それで闘おうとしても、パートであればパート法を根拠に闘えるけれど、無期転換後はパートのような有期雇用ではないので、その法律では闘えない。

雨　宮　やりようはないんですか？

東海林　組合で闘うしかないですね。取り組んでいる労組もあるけれど、ほとんどはやっていない。これも分断で、無期転換した労働者は同じ仕事を最低賃金でしているのに、正社員にはそれなりの賃金にボーナスも退職金もある。それをそのままにしているというだけで差別です。

ストライキが労働運動を変える

雨　宮　そごう・西武でストライキがありましたね。あのストの日、伊勢丹や高島屋の組合員もデモに参加して「仲間が困っていたら助けるのは当たり前だ」と言っていて、映画みたいで感動しました。一日だけのストだったこともあってか、世論も好意的だった気がします。もっと日本でも組合やストが「使えるツール」として身近になるきっかけになればいいと思いました。ストが典型ですが、労働組合ってすごい使えるツールじゃないですか。低賃金に対しても、それ以外の労働条件についても、労働組合はすごい武器になる。それなのに、なんでこんなに静かなんでしょうか。分断されているからなんでしょうか。

東海林　そうだと思います。ストライキについても、結局、件数が下がりつづけていますからね。連合を結成したというのは、何だったのか。

雨　宮　なんで闘わないんですか？

東海林　基本的に連合は民間企業の労組が中心でスタートしていて、生産性の向上、つまり企業としてお金を儲けて分配しましょう、労使は一緒にそれに向けて頑張りましょうという路線で進んできた。労使協調の路線ならストライキなんかしないよね、と。今回、ストを打った百貨店労組はまさにその路線で来た。「お客さまは神さま」で、「神さま」に迷惑のかかるストライキは絶対やりませんっていうのが百貨店労組だった。

百貨店労組はＵＡゼンセンに入っているんですが、ここは労働組合主義的なところがあって、春闘では統一闘争を重視するんです。みんなスト権と妥結権を本部に預けて統一闘争をする。本部がストをやれといったら明日やる、というのが統一闘争です。しかし百貨店労組は、労使協調だからということで、それに参加していなかった。けれども今回、その百貨店労組がストをやった。それは、いつ、どのように身売りされるのか、その後はどういう体制で、自分たちの雇用がどうなるのか、団体交渉をやっても情報が出てこないという状況があったからです。会社は、親会社のセブン＆アイが決めているから自分たちはわからない、と言う。だったら親会社が団交に出てきて説明しろ、と言うと、セブン&アイは、自分たちは雇用主ではないので団交に出る義務はない、交渉の中身も守秘義務があるから言えないとして情報を出さない。

つまり、自分たちの雇用に関わることなのに何の情報も知らされず、関与できないところで決まっていくのであれば、もう労使協調には意味はない、ということで、団体交渉を機能させるためにスト権を立てた。そのとたんに、会社が情報を出してくるんですよ。そしてセブン&アイの社長も団交に出てくる。ストという前提があって初めて団体交渉が機能する。ストを封印した労使協調には意味がないということが、今回よくわかったんですね。

雨　宮　あれでストがもっとポピュラーになればいいなと思って、ちょっとワクワクしました。

東海林　全労連もストを方針化していくことを進めています。組合のバージョンアップ、つまりストを打てる組合にしよう、と。それが組織強化にもつながると言って、二〇二三春闘では前年の倍、三七〇組合くらいがストライキをしたそうです。

雨　宮　それ、大ニュースじゃないですか。そういうことが、もっと知られてほしいですよね。

奪われてきたものをどう取り戻すか

東海林　この新自由主義的な時代に、働く者は何をどれだけ奪われてきたのか、そして何をどう取り戻していけばいいのか。そのあたりのお話を最後にうかがわせてください。

雨宮　全部、奪われてきましたよね。ロスジェネ世代は、普通に働くってこと、普通に生きていくことを奪われてきた。結婚や出産などの機会も奪われてきた。剥奪感は大きいです。

韓国でも同じような状況があります。すべてを手放した世代、すべてをあきらめた世代という意味で「N放世代」と呼ばれていますが、日本のロスジェネ世代と似ています。親の世代が持つことができたもののほとんどを子ども世代は持てない世代です。

二〇二二年の七月に、秋葉原無差別殺人事件の加藤智大が死刑執行され、京アニ事件の青葉真司被告も死刑判決を受けました。二人ともロスジェネ世代なんですよね。定時制高校出身だった青葉被告は、アルバイトをしながら学校に通って、皆勤で卒業しています。一九九七年卒業です。まさに「新時代の『日本的経営』」の二年後で、彼が一〇年早く生まれていたら、こんなに真面目な子はぜひうちに欲しいと確実に就職できていたはずなのに、この時にはもうバイトしながら皆勤で定時制を卒業しても、誰も評価してくれなかった。逆に一〇年遅く生まれていたら、少しは若者の支援なども始まっていて、サポートされていたかもしれない。

本当にこの世代は、何もなかったんです。すべて自己責任にされて。二〇〇五年に厚生労働省が、若者の就労対策として、「若者の人間力を高めるための国民運動」を始めました。若者が非正規になるのは「人間力」がないからで、規則正しい生活とコミュニケーション能力をつけさせれば正社員になれるはずだと。愚かですよね。派遣法で身分制度をつくっておいて、この人たちがダメなのは生活がなっていないから、コミュ力がないからだと。

東海林　そう思うと、奪われてきたのは、尊厳だと思うんだよね。働くということの尊厳が奪われつづけた三〇年だったと思う。

そういう社会をどう変えていけばいいのかということを考えると、やはり労働組合だろうと。労働組合をきちんと使って、きちんと闘って、企業や社会との緊張関係のなかで働く尊厳を取り戻していくしかないと思うんですね。社会運動や政治運動で変えていくということもあるだろうけれど、どちらにしろ、黙っていて変わることは絶対にない。それだけは明らかだと思う。

雨宮　これからどうするか、というところだと、いま、アジアの国々でも、低賃金や格差など、日本とまったく同じ状況があるじゃないですか。日本のロスジェネ世代と韓国のN放世代だけじゃなく、中国では二〇二〇年頃から「寝そべり族」という、競争に疲れて最低限しか働かないムーブメントも出てきました。そこがいま、どんどんつながっています。

杉並の高円寺から始まった「NO LIMIT」という動きがおもしろいです。高円寺で「貧乏」系の活動をしている松本哉さんが、3・11の原発事故の後、日本に住めなくなるかもしれないと思って、アジア中に友だちをつくりに出かけたんですね。一緒に飲んで、言葉の壁を酒の力で突破して（笑）。二〇一五年に日本で安保法制が通ってしまいそうな時、そのアジアの友人たちが危機感を持って、こんな法律ができたら対立が煽られて大変だと、貧乏人同士で仲良くなろうみたいなムーブメントを起こしたんです。それが「NO LIMIT」です。

二〇一六年に「NO LIMIT東京自治区」というのを一〇日間開催して、アジア各国から二〇〇人くらいが集まって、五〇くらいのイベントやライブをやって、とにかくずっと飲みつづけて、ものすごく仲良くなったんですね。

コロナなどもあって、ここしばらくできていなかったんですが、二〇二三年、「NO LIMIT 2023高円寺番外地」をやって、またアジア各地から集まったんです。「寝そべり族」も中国から来ました。そこでいろんなことを語り合うんですけど、不安定雇用や競争社会、女性の抑圧、親からの結婚出産圧力など、本当に共通することばかりで。そこで彼らが考え、めざしている世界も同じところを見ている。もちろん国内で解決すべきことはたくさんあるけれど、世界の貧乏人が連帯していくことでできることもあるんじゃないか、っていう思いがあって。そういうアジアの連帯みたいな……。まあ、どこにたどり着くか、まったくわかんないんですけど（笑）。

東海林　それはおもしろいなあ。僕も、台湾の労働組合から、そごう・西武のストを学びたいって連絡があったので、コーディネートして交流したんですが、労働運動でもアジアの連帯ということは考えられますね。組合では「レイバーノーツ」という各国の組合の活動家が集まる集会があって、アメリカの大会が有名なんだけど、「アジア・レイバーノーツ」というのも日本や台湾で開催されています。やっぱり、それに参加するとみんな元気になって帰ってきますね。

雨　宮　本当に、それぞれの国で解決しようとしても簡単には解決できない問題ばかりだから、あらゆるところで連帯していくしかないですね。

東海林　本当にそうですね。今日はありがとうございました。

二〇二三年一二月二七日　地平社にて

あとがき

「この並びを見ると、あらためてショックを受けるよね」

二〇二四年の元旦、東京・新宿区で、反貧困ネットワークが生活困窮者支援のため開いていた「大人食堂」に、ボランティアで参加した。現場には食堂が開く前から長い列ができていた。炊き出しに並ぶのは中高年の男性というイメージはコロナ禍を経て一変した。長い列には若年の男女から高齢者、親子連れまで、多様な人々がいた。

大人食堂には、貧困問題を長く取材している朝日新聞の清川卓史記者が取材に来ていて、冒頭のような会話を交わした。私は労働の視点から、彼は主に社会保障の視点からとアプローチは違うが、二人ともこの一〇年以上、〝貧困の現場〟を見つづけてきた。貧困層の広がり、その深刻化をあらためて感じる場面だと意見が一致した。

私は毎日新聞の記者として労働問題や貧困問題を取材し、新聞で報じてきた。書籍の形でも、これまで『貧困の現場』(二〇〇八年)や『派遣村　国を動かした七日間』(二〇〇九年・共著)、『一五歳からの労働組合入門』(二〇一三年)などで、過労死した労働者や名ばかり管理職、派遣労働者、シングルマザー、フリーター、日雇い労働者、野宿労働者、そしてその家族たちなどが、必死に働きながらもその生存が脅かされるような貧困のなかに暮らす様子を報告してきた。それは、労働問題を取材するなかで、彼ら彼女らが厳しい現状に陥ったことを、「自己責任」の言葉で片づけられることに我慢ならなかったからだ。

両親がともに非正規で働いていた少女は、高校に通いながら、ダブルワークでアルバイトをこなし、家計を助け、入学金を貯めて進学した。高校に進学して間もない頃、紹介されて取材を始めた。部活や遊びなど、およそ若者らしい楽しみには背を向けて、高校生活を必死で駆け抜けた。彼女が大学に合格した時に「よく頑張ったね」と声をかけると、涙目の彼女に「先生も含め、周りの大人はみんなそう言って褒めてくれる。けれど、(学生が)勉強以外、頑張らなくてもいい社会にしてほしい。それが大人の責任ではないか」と訴えられた。

彼女の両親は離婚しており、派遣労働者だった父は派遣切りにあい、養育費を送金できなくなった。母は母で、二人の子を育てるため、寝る間を惜しんで二つの仕事をこなしていた。だから、彼女は両親の苦境が「自己責任」ではないことをよく知っていた。この国が「頑張ればなんとかなる」社会ではないことを体感していた。「頑張った」と褒められるたびに、自分の頑張りが「自己責任」を肯定するような気持ちになり、たまらなかったのだと後で告白してくれた。

その彼女も、もう三二歳になった。大学卒業時は企業が「厳選採用」を掲げ、大学生の採用を絞り込んでいる時期だった。授業料を稼ぐためにバイトをかけもちしていた彼女はサークル活動にも無縁だった。「サークル活動の経験から得た教訓を面接でアピール」などという就活のノウハウは使いようがない。彼女は「東海林さんを泣かせちゃったけど、高校時代から〝頑張った〟ことを話すしかないと思って、その経験を話したら一発で希望する企業に合格しましたよ」と笑った。現在、一児の母だ。

彼女と会うたびに、「大人の責任」をいまだに果たせていない自分が恥ずかしくなる。

だが、このかんも派遣村やコロナ被害相談村などの社会活動や労働運動に参加しながら、取材執筆を続けてきた。長い取材を通じて、あらためて、「新時代の『日本的経営』」が日本の雇用社会にもたらした影響を考えている。低賃金が当たり前のような社会をもたらしたことはもちろん、人が働くということに対する考え方が根本的に変えられたと感じる。

働く者の尊厳は奪われ、労働は商品のように扱われ、そしていま、自らを商品として労働を切り売りすることを強いられる時代に入ろうとしている。終身雇用と言われたかつての日本的経営を賛美するつもりも懐かしむつもりもない。けれど、少なくとも、人が働くことは尊重されていた。「新時代の『日本的経営』」が世に出てからもうすぐ三〇年になる。本書では「低賃金」をキーワードに宣言を考えるルポルタージュを書き下ろした。

「普通に働いて普通に暮らすことがなんでこんなに大変なのか」

二〇年近い取材のなかで、働く仲間から、幾度、この言葉を聞いたことか。悔し涙とともに、震える手で拳を握りしめながら、地面を足で蹴りながら、固いスクラムを組みながら、深いため息とともに……。元旦を二四時間営業のハンバーガーショップの硬いイスで迎えた顔見知りの日雇い派遣労働者は、筆者に気づくと、朝の光が当たるなか、浅い眠りから目覚めて、この言葉を新年の挨拶代わりに言った。ケン・ローチの映画のワンシーンみたいだなと思い、泣きそうになりながら、その言葉を聴いた。これからも立ち向かいつづけていかなければならない問いかけだと、心から思う。

本書に収録された対談を快く引き受けていただいた作家の雨宮処凛さんに深くお礼申し上げたい。いつも現場に立つ姿勢に敬意を表します。そして、この本の執筆を強く勧めてくれ、焦らず原稿を待ってくれた地平社の熊谷伸一郎氏に心から感謝します。

最後に、年越し派遣村を共に担い、現場で新自由主義に抗ってきた、いずれも故人となった井上久（全労連）、寺間誠治（同）、安部誠（労働運動家）、遠藤一郎（全労協）の各氏に、本書を中間報告として捧げます。

二〇二四年三月三一日

東海林 智

東海林 智（とうかいりん・さとし）
1964年、山形県生まれ。現在、毎日新聞社編集局社会部記者。一貫して労働と貧困・格差の現場を取材している。元新聞労連委員長、元MIC（日本マスコミ情報文化労組会議）議長。2008年12月31日から2009年1月5日まで開設された年越し派遣村の実行委員を務めた。著書に『15歳からの労働組合入門』（毎日新聞社、2013年）、『貧困の現場』（同、2008年）など。新聞報道で反貧困ジャーナリズム賞、著作で日本労働ペンクラブ賞などを受賞。

46頁　冬の花　JASRAC 出 2402313-401

ルポ 低賃金

2024年4月23日──初版第1刷発行

著者……………………東海林《とうかいりん》 智《さとし》

発行者……………………熊谷伸一郎

発行所……………………地平社
〒101-0051
東京都千代田区神田神保町1丁目32番 白石ビル2階
電話：03－6260－5480（代）
FAX：03－6260－5482
www.chiheisha.co.jp

デザイン……………赤崎正一

印刷製本……………中央精版印刷

ISBN978-4-911256-02-2 C0036

地平社

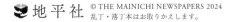

内田聖子 著

デジタル・デモクラシー

ビッグ・テックを包囲するグローバル市民社会

四六判二六四頁／本体二〇〇〇円

南 彰 著

絶望からの新聞論

四六判二〇八頁／本体一八〇〇円

三宅芳夫 著

世界史の中の戦後思想

自由主義・民主主義・社会主義

四六判三〇四頁／本体二八〇〇円

アーティフ・アブー・サイフ著　中野真紀子 訳

ガザ日記

ジェノサイドの記録

四六判四一六頁／本体二八〇〇円

★二〇二四年五月刊行予定